生命，
因家庭而大好！

比IQ更有優勢！小學生自我調節力32個練習

초등 자기조절능력의 힘

申東媛 신동원 著
王品涵 譯

啟動超強學習引擎，培養懂得正確思考、自我管理、做出計畫的孩子

面對急遽變化的教育環境和逐一浮現的學習問題，
從日常生活協助並鼓舞孩子，
掌握認知、情緒、行為三種自我調節力！

序言

為什麼自我調節能力越來越重要？

缺乏自我調節能力的孩子，想吃就吃，想睡就睡。換句話說，也就是跟隨本能行動。然而，成人卻不同。無論當下有多麼飢餓，也會一直忍到會議結束；無論工作時再疲倦，也很清楚不可以在辦公室席地而睡；即使好想熬夜看電影，但只要隔天必須出席重要會議的話，也會特地早點睡覺。

越是懂得根據置身的情況與事情脈絡而調節自我行動、情緒的成人，越懂得為了堅持目標而謹慎擬定計畫，並在實踐該計畫的同時做出適當修正，這樣的人在社會上取得成功的機率也越高。

這一切與「單純是頭腦好」不一樣。雖然頭腦好相當有利於考試、寫作業、背誦，但有辦法針對情況做出全面性判斷，並給予對應的行動，則又是另一種層次的能力了。希望原本餓了就吃東西、睏了就睡覺的孩子，能具備調節自我思想、情緒、行動的能力，並非一朝一夕之事。這段過程，需要經過無數訓練、練習，以及父母的細心指導。

因疫情而更突顯的「自我調節能力」重要性

相對於成人，孩子們理所當然比較不成熟。由於忍受度與專注力不足，因此也比較容易受到誘惑影響。再加上，比起以前的時代，現在的環境要求孩子擁有更強的自我調節能力。早年，因為家庭成員較多，所以當大家起床時，就得跟著醒來；當大家吃飯時，也得跟著吃飯，很難一人獨佔所有自己喜歡的小菜。為了有效控管超過五十名學生的班級，老師們也總是採取嚴格的方式對待學生，無論孩子們專注與否，都得戰戰兢兢地度過上課時間。

然而，現在的孩子們，必須為了線上課程而坐在3C產品前。比起實際到校上課，線上課程需要更高的專注力與理解力。況且，只要多按幾下滑鼠，就能輕鬆轉換到更加有趣的遊戲世界。此外，當遠距上課與實際到校上課交替進行時，也會增加維持規律生活的難度。父母看著孩子原本想要專心讀書，卻沉迷遊戲，或是一大早起床坐在書桌前卻立刻陷入昏睡，內心總是既著急又不知該如何是好。

「我的孩子在學校也是這副德性嗎？」

「萬一以後也一直這樣的話，怎麼辦？」

「等新冠肺炎的疫情結束後，一切都會恢復正常吧？」

當孩子在疫情結束後重返校園，一切真的就能恢復以前的模樣嗎？很遺憾，「不可能」的機率比較高。早在新冠肺炎開始蔓延前，不少教育單位就已經在實施數位化課程了。原因在於，數位化教育擁有許多優點。

打破時間與空間限制的數位化教育，有效拓展了教育機會。即使不用花大錢留學，也能在家中接受諾貝爾獎得主、常春藤聯盟名師的授課。只要連上網路，無論人在非洲或喜馬拉雅山，都可以啟動數位化課程。此外，播放事先拍攝完成的教育影片之方式，也可以大幅節省實際授課時需要耗費成本與費用。隨著技術越來越發達，不僅畫面不會發生中斷的情況，也能在遠距上課時進行交流。

技術的快速發展，也讓數位化課程的需求對象，從一般學生擴大至成人。原本製造內燃機汽車的技術人員，現在也得開始成為自動駕駛汽車的技術人員才行；全新專業知識出現的速度，正在與學習需求同步成長中。

生活在網路世界的現今孩子們

不僅限於教育，現今的孩子們也會透過線上遊戲或社群網站認識朋友，或許是因為在線上較能自在展現自我的模樣。不過，只藉由線上活動建立親密關係，並非適當的做法。在遊戲中，既可以很快結交朋友，當然也可能很快失去朋友。

對孩子而言，他們尚未擁有判斷的能力，無法得知在數位世界認識的對象究竟是成人或孩子，因此這也是一件相當危險的事。

隨著網路普及，孩子與在學校、補習班認識的朋友們之間的關係有多真實，也變得越來越重要。假如因為和學校朋友們相處得不融洽，而一味沉浸在網路世界的話，孩子很容易就會錯失發展社會化的機會。

孩子的不成熟是理所當然的。因為無法調節情緒，才會為了雞毛蒜皮的小事而鬧脾氣，和朋友吵架；因為無法調節行為，才會尿褲子；因為無法調節衝動，才會老是讀書讀到一半又跑去做其他事。

當孩子不小心做出這些事時，父母應該協助孩子，鼓勵他們自主調節情緒、思想、行為的信心，以及在孩子不清楚什麼樣的行為才正確時，確實扮演好適當的模範。

必須在小學低年級前
培養自我調節能力的原因

在小學低年級前，比起先教孩子拼音、背九九乘法，更重要的是培養孩子的自我調節能力。雖然接下來會再詳細說明，不過我想強調：**自我調節能力不是忍耐，而是指在面對任何情況時，懂得時而為了達成自己的目標而稍作忍耐，時而克服障礙，時而積極應對情況進行突圍等，適當控制自己的能力。**

即使在為了完成功課而打開網路的瞬間，畫面跳出了吸引人的遊戲廣告，也不會忘記本來打算做的事，做出「之後再玩遊戲」的決定；即使現在很想玩耍，也因明白「先寫完數學作業，心情比較輕鬆」，而選擇坐到書桌前；即使是自己喜歡的朋友，也會在聽見對方說出不好聽的話時，清楚即使說出「我希望你不要再說那種話」，可能會改變彼此的關係，依然決定表達自己的想法等，都是屬於自我調節能力的範疇。

當自我調節能力較差時，孩子除了會在自主學習方面遭遇困難，也會分不清

自己究竟想要什麼、目標究竟為何。如此一來，自然不可能完成自己所願。如果希望孩子能主導自己的人生，自我調節能力顯然不可或缺。

終其一生受用的自我調節能力，其實可以在小學低年級時期就學會。

然而，就我近三十年來在診間的經驗，許多父母都表示為了孩子好、擔心孩子、愛孩子，反而先一步威嚇孩子，甚至替孩子選擇他們人生的道路，因此剝奪了孩子獨立挑戰與成長的機會。另外，也有不少父母主張應該讓孩子擁有百分百主導權，選擇放任孩子的一切行為，結果等到問題一發不可收拾後，才前來求醫。

每當見到那些「若父母能早點了解何謂自我調節能力」就能避免的各種問題時，我內心的遺憾就日益累積，也成為本書誕生的背景。這本書整理出孩子自我調節能力的重要性，以及應該如何加以培養。此外，也包含了父母該具備哪些觀念，與如何對待孩子的方法。

儘管孩子會在重複無數錯誤的過程中成長，我卻懷抱著「期盼父母不要再重複錯誤」的心情，寫下了這本書。希望閱讀這本書的父母，都能陪伴孩子一起克服成長過程中的錯誤，並且帶著鼓舞孩子迎接嶄新挑戰的心態，一步一腳印地培養孩子的自我調節能力，讓寶貝們順利成長。

Contents

PART 1 懂得自主學習的孩子逐漸減少中

第一章 因疫情突顯的自我調節能力問題

第二章　培養孩子自我調節能力的方法

第三章　自我調節能力的發展階段

孩子的自我調節能力練習

第四章　自我調節能力第一階段：情緒的誕生與調節練習

Contents

第五章　自我調節能力第二階段：應該做的事與不應該做的事

Contents

PART 1

懂得自主學習的孩子逐漸減少中

孩子們打開遠距教學後，卻使用手機在群組裡瘋狂聊天；
看起來像是在做功課，卻不知不覺沉浸於遊戲世界；
受到YouTube演算法的影響，一下子又被推播許多影片……
比起專注於無聊的課程或功課，
孩子身邊的有趣誘惑實在太多了！

第一章

因疫情突顯的自我調節能力問題

曾經以為一、二個月就會結束的疫情生活，
一轉眼竟已超過了二年，不知何時才能結束。
隨著對螢幕上課的日子逐漸增加，
過去孩子上學時從不知道的問題，
也一個接著一個浮現……

01 完全無法專注於遠距教學的孩子

「從來不知道我們家孩子讀書會這麼不專心。」

「看孩子遠距上課的樣子，我在旁邊差點氣死。」

「孩子的作息日夜顛倒，我要見他一面還真難。」

新冠肺炎徹底改變了人們的日常，本來得每天去學校的孩子們，現在卻在家中打開電腦或平板，進行線上遠距教學，居家上課、做功課的日子也比以往多出許多。曾經以為一、二個月就會結束的疫情生活，一轉眼竟已超過了二年，想回到以往的生活，似乎也遙遙無期。隨著對螢幕上課的日子增加，過去孩子去學校時從不知道的問題，也逐一浮現，讓父母們叫苦連天。

因線上遠距教學而衍生的景象

孩子們打開遠距教學後，卻使用手機在群組裡瘋狂聊天；看起來像是在做功課，卻不知不覺沉浸於遊戲世界；受到YouTube演算法的影響，一下子又被推播許多影片……比起專注於無聊的課程或功課，圍繞在孩子身邊的有趣誘惑實在太多了！當日常生活與科技產品越是密不可分，人們越無法擺脫誘惑，老是分心做其他事。

就算因為看不下去而教訓了幾句，孩子也只是當下稍微收斂而已，隔了一天後仍然故態復萌。為人父母，既不可能無時無刻坐在孩子身邊監視他們，又不能視而不見，著實令人進退兩難。

無法專心上課或做功課，其實還算是相對簡單的問題。有時，孩子更會因為使用科技產品而忘卻時間流逝，甚至錯過睡覺時間；晚睡的結果，自然是睡眠不足；早上起床後僅是完成打卡點名，孩子又再度沉沉入睡。一旦這種日子重複久了，日夜顛倒的作息會讓孩子無法在夜晚輕易入眠，白天時也很難精神抖擻地完成該做的事。當基本睡眠模式被打亂後，孩子的日常生活也隨之崩解。

既不能外出也不能上體育課的孩子們，體能活動自然大幅減少。由於活動量不足，有些孩子出現肥胖的問題；有些孩子則是變得食欲不振，甚至因攝取的食物量過少，導致營養不良的問題。

看著無法專心使用科技產品學習或做功課、因作息日夜顛倒而沒辦法百分之百投入線上課程、只窩在房間裡而產生健康問題的孩子……父母的內心既擔憂又憤怒；這一切都是以往孩子去學校時，自己從未預想過的事。第一次面對這些事的大人，其實也十分手足無措：「可以放任不管嗎？」、「要管的話，又該管到什麼程度？」……父母的煩惱日益增加。最後，只能默默盼著疫情趕快結束，好讓孩子重返校園。

然而，等到疫情過去，親子的戰爭難道也能同步告終嗎？很遺憾，機率並不高。為什麼呢？

線上遠距教學已然成為趨勢

早在遠距教學因疫情成為不得不的選擇前，線上課程便已開始實行了。知名的線上開放式課程「磨課師」（Massive Open Online Course, MOOC）即是相當具代表性的例子。磨課師，是為了讓因為經濟、地理或私人因素等無法上大學的人們，能透過線上方式接受大學的公開課程。相對於必須維持實體校園運作的既有大學課程，磨課師的價格不僅低廉許多，同時兼具打破空間與時間限制的優點。

再加上，置身於知識發展與變化都極為迅速的現今社會，單憑二十多歲在大學學到的知識，實在很難一直應用到三十、四十、五十多歲的職場。唯有不停學習、提升個人的專業程度，才能追得上技術與社會發展。只是，為此再重新讀一次大學的負擔實在太大了，而磨課師正是接觸新知識的最有效方法。

於是，磨課師不僅是公平的教育機會，也有望成為終生學習的契機。自二〇〇〇年起，哈佛大學、麻省理工學院、史丹佛大學等名校，都已開始提供磨課師課程。二〇一二年的《紐約時報》曾以〈年度線上公開課程〉的報導，提及一般民眾已可輕而易舉地接觸常春藤聯盟的名師課程，並稱磨課師為「教育界的最大革新」。

其實，目前也存在著沒有實體校園，僅進行線上課程的大學。最具代表性的，即是二〇一〇年創立於舊金山的密涅瓦大學（Minerva School）。這所學校沒有實體校園，分散於世界各地的學生們，通通都是透過線上的方式上課。全世界的英才都搶著報名的這所學校，據說比哈佛大學更難申請。

這種潮流不只出現在大學，就連美國明星高中也逐漸出現採用線上入學的趨勢。佔據線上高中榜首的史丹佛線上高中（Stanford Online High School），即是集聚SAT* 平均成績分數超過一千五百分的傑出學生之地。

後來，當全世界在二〇二〇年時陷入與新冠肺炎的苦戰之際，許多既有的實體學校，也將大部分事務改以線上方式實行，像是一延再延的開學典禮，最終

* Scholastic Assessment Test，美國大學入學學術考試，滿分為一千六百分。

也是以線上方式辦理，取代傳統的典禮。原本以為會慢慢靠近的未來，卻因為一場疫情，忽然變得近在眼前。無論是老師或是學生，起初不免都覺得陌生、手忙腳亂，不過似乎也開始逐漸習慣了。由於技術迅速發展，過去動不動就會斷線的視訊教學，現在早已能流暢進行；從來沒有接觸過的遠距教學，現在也成為許多師生再熟悉不過的型態。

如果能在遠距教學具備的節省費用、時間的優點外，增加更多親切感與便利性的話，想必即使在疫情趨緩後，也不太可能完全回到過去的那種教學型態了。因此，善用線上交流的能力，無疑不可或缺。

在線上社會生存的必備能力

有光的地方，自然就會有陰影，遠距教學也不例外——雖然優點很多，但同樣存在需要解決的課題。二〇一〇年初，以磨課師為代表的線上遠距教學，被譽為可取代既有教育方式的優秀教育方案，因而飽受關注。打破時間與空間、經濟限制的遠距教學，看起來確實是提供了公平的教育機會。然而，根據在劍橋大學研究數位教育效果的凱蒂・喬丹（Katy Jordan）的報告，相對於四千三百名的平均申請人數，真正完成磨課師課程的學生人數比例，平均僅有百分之六點五。當課程越多時，比例更是隨之下降。

分析與統計修習傑佛瑞・塞林戈（Jeffrey Selingo）磨課師課程的學生時，可以發現能自始至終完成所有課程的，多數是已在類似領域擁有學士學位的人。換句話說，真正藉由磨課師受惠的人，也就是那些有毅力完成所有課程的人，很有可能都是已經擁有學位的菁英份子。原因在於，懂得充分享受遠距教學優點的人，往往都擁有就算沒有點名，也沒人不停提問以增加上課專注度時，仍然能自動自發參與課程、堅持學習的能力。

閱讀至此的父母們，可能會開始出現「我們家孩子還這麼小，為什麼這麼早就要留意大學的課程？」之類的疑問。不過，磨課師只是其中一個例子，使用平板電腦的學習服務正在普遍化，而未來更會出現越來越多需要透過數位環境才能進行的課程。在逐漸變成日常的遠距教學中，孩子必須靠著自律，完成煩悶的課程。

問題不只在於學習。孩子們會玩科技產品，也會用它來與朋友互動。和朋友玩在一起時，有時相處融洽，有時也會對彼此發脾氣。在真實世界裡，孩子可以藉由表情與語氣迅速察言觀色，進而安撫對方情緒，或是提高音量，靠吵架解決矛盾。只是，在虛擬的數位世界裡，卻只能透過一來一往的訊息攻擊彼此。雖然吵架看似比打架來得斯文些，但若是程度太過火了，可能會留下更大的創傷。近來，網路霸凌也列入校園霸凌委員會的處理範疇，予以嚴正看待。此外，孩子們能輕易分享各種影片，也是問題之一。

因此，當今的孩子們必須好好學會「網路世界也有不能跨越的界線」一事，習得控制對性、暴力的好奇心之自我調節能力，成為刻不容緩的任務。**日益擴張的數位環境，讓孩子們變得比任何時候，都更應重視自我調節能力的發展。**

02 為了好好生活的必備條件

「你希望孩子成為什麼樣的大人？」

各位腦海中浮現的答案是什麼呢？這是我提筆撰寫這本書前，曾以父母為對象進行線上問卷調查的問題。雖也是曾在診間直接詢問過父母們的問題，但我想，答案或許會與面對面時有所不同。這麼做，當然也是基於希望能聽到更多答案的心理。

線上問卷調查的結果，與我一直以來在診間聽到的故事，其實差距不大。無論是在診間或線上問卷，父母們都希望孩子能成為這樣的人：

幸福的人、善良的人、開朗的人、賢明的人、有禮貌的人、健康的人、上進的人、有自信的人、積極正面的人、有責任感的人、有毅力的人、有挑戰精神

的人、獨立的人、自主的人、高自尊感的人……

在金錢至上的時代，我以為或許會出現像是「賺大錢的人」之類的答案；而傾注心力在課業問題的父母也很多，想必會有人回答關於「學業」的答案才對。然而，對父母而言，學業或金錢似乎都只是為了達到最終目標的輔助手段而已。**父母們真正的盼望，是孩子長大以後能做自己想做的事，並且成為一個人生可以獨立自主的快樂大人。**

成功的條件

所謂「成功」，實際上是相當主觀的概念，因此我們很難為「成功」下定義。根據父母們的問卷調查答案，**我試著將成功的人定義為「以獨立自主與上進心的特質，活出自我人生的幸福人」**。

若想符合這項定義，孩子必須從小開始慢慢具備一些條件。舉例如下：

✪ 自我管理能力

為了實踐獨立自主的幸福人生，好好管理自我的能力不可或缺。時間管理、工作管理、金錢管理等，皆是想獨立生活的必備管理能力。另外，也需要管理自我健康的能力。假如無法妥善管理自我的健康，無論擁有再多其他的能力，也不可能發揮得當。

✪ 預測能力

管理現在的能力與預測未來的能力會同時發展。必須具備預先思考與預測「當我說這些話時，對方的感覺如何？」、「當我做這些行為時，結果會如何？」的能力，才能切實感受到管理現在的必要性。為了要在未來獲得想要的東西，得先管理好自己今天的行為才行。

✪ 情緒調節能力

沒人喜歡會隨便發脾氣的人。受憂鬱與不安情緒糾纏的人，通常也很難專注於自己的事情。雖然人生在世難免會經歷許多傷心事，但在這些時候，管理好自我情緒以免對自己或他人造成傷害的能力，以及保持正面態度面對壓力的能力，皆相當重要。

✪ 學習能力

學業成績的發展千變萬化。小學的優等生，不保證到了高中依然會是優等生；小學的劣等生，同樣也不等於到了高中依然會是劣等生。小學時期的成績，其實單憑父母的努力或去補習班就能名列前茅。尤其是補習班老師通常會使用孩子容易聽懂的方式加以說明，搭配每次考試前挑出重點並要求孩子背得滾瓜爛熟——就像是把食物煮成易於消化的粥一樣。然而，一旦到了課業量變多的國中後，便不太能再倚賴這種方式獲得好成績。

比起成績，更重要的是對學業的態度。所謂態度，即是能力——在適當時懂得質疑「為什麼？」的能力、為了解開疑惑而主動尋求答案的能力、計畫與實踐課業的能力、鍥而不捨的專注能力……這些都是需要培養的。

✪ 耐心

這是一種忍耐瞬間衝動的能力，與專注力、投入程度有些不同。舉例來說，即使當下很想跑出去玩，也得在座位上忍耐到下課時間才行；即使很喜歡朋友的新手機，也懂得克制想一把搶走或偷偷放進自己袋子裡的心態。

✪ 社會化

孩子年幼時，還可藉由父母的介入建立關係，但到了小學三年級後，就得由他們親自建立了。孩子們需要有自主結交朋友的能力，以及不樹立敵人的社會化。如果身邊完全沒有能同行的人，恐怕很難感覺幸福或獲得成功。

✪ 自尊感

如果不想隨周遭環境起舞，並能獨立自主地生活，必須擁有自尊感。所謂自尊感，不是藉由與他人比較的優越感，或因為擅長某些事而產生。當一個人在輸掉競爭時、失敗時，都有可能因此一蹶不振。真正的自尊感，是懂得「肯定自己的存在」；讚美比昨天來得優秀的自己；就算失敗了，也可以安慰自己「沒關係」，然後振作起來。

唯有擁有自尊感，才能堅強地面對危機與克服失敗。

自我調節能力，是一切的核心

目前為止提到的各種成功條件，其實存在一個共同點。如果用一句話作結，即是自主調節自我思想與情緒、行為的能力。

認知心理學家亞伯特・班度拉（Albert Bandura）曾提過，所謂「自我調節能力」指的是：

為了達成自己設定的目標，而調節自我思想、行為、情緒的能力。

自我調節能力的驚人影響力

自我調節能力不是長大成人後，才在某天突然擁有的能力，而是必須從小開始慢慢培養的。泰瑞・E・莫菲特（Terrie E. Moffitt）與阿夫沙洛姆・卡斯皮（Avshalom Caspi）等學者，曾針對千名兒童為對象，進行大規模後續研究。他們搜集了孩子從出生到三十二歲的資料後，分析是否能以三歲時檢測的自我調節能力，預測他們長成三十一歲時的健康狀態、財務狀況、犯罪率。此外，也一併比較了其自我調節能力較低的兄弟姊妹。

結果令人驚訝。三歲時自我調節得好的孩子們，到了三十一歲時，不只身體比較健康、經濟狀況較寬裕，連犯罪率也較低。即使是以在相同父母、同個家庭環境下成長的手足進行比較時，依然出現相同的結果。如同「三歲定八十」這句話，孩提時的模樣，的確可以預測長大成人後的模樣。

達維納（Davina A Robinson）等學者，為了了解四歲前幼兒的自我調節能力會對日後造成何種影響，分析了一百五十個研究結果。四歲前自我調節能力偏高的孩子，到八歲時，在社會化能力、學校參與度、課業完成度等層面皆可發現其積極的表現；反之，自我調節能力偏低的孩子，則容易出現焦慮不安、憂鬱、遭同齡孩子暴力相向、錯誤言行等相關問題。

小學低年級時期自我調節能力高的孩子，到了十三歲左右，在數學與閱讀領域表現優異；而自我調節能力低的孩子，則出現攻擊行為、犯罪行為、肥胖、吸菸、濫用違法藥物的比例較高。小學低年級孩子的自我調節能力，與其成長至三十八歲前的攻擊性、犯罪行為、憂鬱、不安、肥胖、吸菸、飲酒、藥物濫用、身體疾病等皆有關聯。由此可知，小時候的自我調節能力，即使在長大成人後也會發揮影響力。

在許多研究結果中，都能見到自我調節能力是成功的關鍵要素。**孩子的自我調節能力，可以預見他們日後的成就、人際關係、精神健康、健康生活等**。從小開始培養自我調節能力的重要性，絕對不容小覷。

既然如此，自我調節能力是由哪些能力組成呢？又是如何影響未來呢？我們將在接下來的章節，進行更具體的說明。

03 所謂的「自我調節能力」

自我調節能力囊括了哪些能力？

對於「自我調節能力是什麼？」、「在自我調節能力中，最重要的要素是什麼？」，學者們存在相當多樣的意見。就認知心理學的角度而言，執行功能是關鍵要素；就發展心理學的角度而言，最重要的是有意識的控制能力；就教育心理學的角度而言，主要聚焦於維持注意與關心的層面。

因此，**與其把自我調節能力定義為單一能力，將其視為「有效率地連結多樣能力，並順利適用於某些事的過程」，似乎是比較適當的解釋**。換句話說，自我調節能力即是多樣能力的統稱。而其中究竟有些什麼呢？

自我調節能力可大致分為三種能力：

✪第一種，控制自我情緒的情緒調節能力

當事情不如自己所願、發生了意料之外的麻煩事、出現不符期待的結果時，任何人的心情都會因此變差，自然也會出現生氣、焦慮、憤怒、煩躁等情緒。

情緒調節能力低的孩子會因為無法抑制憤怒，而在學業、人際關係等方面得到不好的結果。情緒調節能力高的孩子，即使在心情惡劣時，也懂得如何穩定自己的情緒；無論感到多麼憤怒，也知道該如何忍耐與平息怒火。如果善於調節情緒，在合作、體諒、遵守秩序等層面的表現，亦會相當出色。

✪第二種，認知調節能力

實施線上遠距教學期間，藉由孩子的專注與否，即可得知其認知調節能力的差異。具備認知調節能力的孩子，不只有辦法靈活地發揮專注力、工作記憶力、耐心等專注於課程內容，並能忽視來自周圍的無意義刺激，全神貫注地在

自我調節能力所囊括的能力	具體實例
調節情緒的能力	克服挫折感 轉換心情 共感力
調節認知的能力	專注 維持動機 計畫 預測 時間管理 元認知* 工作記憶
調節行為的能力	反應抑制 實踐 控制攻擊性 控制運動機能 （括約肌、大肌肉、小肌肉之調節）

* 元認知（Metacognition）亦譯為後設認知，為對自己的認知過程（包括記憶、感知、計算、聯想等各項）的思考。

自己的事上。

認知調節能力中的工作記憶力，指的是思考某件事並將它記住的能力。試著想像一下「因為口渴，所以打開冰箱拿水喝」的情境。打開冰箱後，眼前出現了一塊看起來十分美味的蛋糕，於是開心地拿出蛋糕享用一番。接著，才又想起自己口渴的事，「唉唷！剛才是為了喝水才開冰箱的！」——如果沒有適當啟動工作記憶力，便會像這樣不斷重複忽然忘記某件事的行為。

工作記憶力好的孩子，懂得持續思考自己究竟該做什麼事、解題的目標為何，而不會隨便分神。因此，工作記憶力在解數學題的時候尤其重要。因為當計算越是複雜，越有可能忘記最初的問題是什麼，結果算出莫名其妙的答案。

✪第三種，行為調節能力

根據自己所願調節行為的能力，也是組成自我調節能力的重要能力。新生嬰兒無法自主大、小便，原因在於他們對括約肌的調節能力尚未成熟；剛開始走路的孩子時不時就會跌倒，原因在於他們對運動能力的調節能力尚未發達；已經下定決心卻無法即刻實踐的話，則是因為執行力不足。

自我調節能力不是忍耐

當說出「忍耐是自我調節能力的核心」時，不少人都會因此混淆。然而，自我調節能力並非無條件的忍耐，而是「設定自己想要的目標，並且為了達成該目標而調節情緒與思考、行為的能力」。

每個人想要的目標都不同，相同的人也可能在不同時期擁有不同願望。以年幼的孩子為例，他們可能是想即時獲得父母的關心或稱讚。等到稍微長大一些，目標可能就會變成得到朋友的認同。長大成人後，目標或許會是特定職業、工作環境或人際關係等。

無論目標為何，皆能根據不同的情況適當調整自我，即是自我調節能力。

自我調節能力出眾的孩子，有辦法正確地思考與判斷、實踐，因此不太會受本能影響，懂得做出適時適地的行為。就算冰淇淋近在眼前，也會因為想起「再多吃一球就可能會拉肚子」而選擇忍耐；就算對新遊戲無比好奇，也會與自己約定好「等到考完試再開始玩」。

進入社會生活時，同樣是自我調節能力大放光采的時刻。與他人相處融洽的同時，也有辦法好好保護自己的能力，絕對是生存的必備能力。即使朋友犯了錯也能忍住不發脾氣的孩子，往往很受大家歡迎。只是，這不代表著盲目地忍耐。在面對與自己想法不一樣的境況，也要懂得適度表達意見才行。這種孩子通常都有能根據判斷實踐的執行力，勢必有利於在人生中如願取得成就。

自我調節能力與學習能力

育有學齡前孩子的父母，通常會在孩子上小學前開始感到憂慮。孩子有辦法適應學校嗎？有辦法把書讀好嗎？應該讓孩子在入學前先學些什麼，事先練習些什麼嗎？

針對這一切憂慮，有研究提出了解答。**許多研究結果顯示，自我調節能力優秀的孩子，在入學後適應程度與學業表現都較為突出。**

而在自我調節能力中，又有與學習相關的三項能力：專注力、工作記憶力、衝動抑制力。

✪ 專注力

專注力的靈活度越好，越能阻斷周遭無意義的干擾，並將注意力穩定集中於特定的課程，這也是解決問題時最需要的基本自我調節能力。

✪ 工作記憶力

工作記憶力能使人記憶、按照指示，並且計畫解決問題的方法。因此，如果工作記憶力好的話，便會時刻記著老師說「上課不要聊天」的指示、「不要在教室奔跑」的校規，順利適應校園生活。

✪衝動抑制力

衝動抑制力能有效協助阻止衝動行為、適應生活，擁有衝動抑制力，即可忍住不在教室奔跑，以及與隔壁同學聊天的衝動。

有項名為HTKS（Head Toes knees Shoulders Task）測試，專門用來簡單檢測孩子的專注力、工作記憶力與衝動抑制力。首先，會請孩子根據測試人員的指令碰觸自己的頭部、腳趾、膝蓋、肩膀。接著，當測試人員說「頭部」時，則是碰觸腳趾而非頭部。藉由這種方式，當執行與測試人員指令不同的動作時，專注力、工作記憶力、衝動抑制力好的孩子，通常可以順利完成測試。

俄勒岡州立大學的梅根・麥克萊蘭（Megan McClelland）曾利用這項測試，預測學齡前兒童的自我調節能力。學齡前自我調節能力佳的孩子入學後，在閱讀、寫作、語彙、數學方面的成就度較高。賓夕法尼亞大學的克蘭西・布萊爾（Clancy Blair）與雷切爾・彼得斯・拉扎（Rachel Peters Razza），也認為三至五歲兒童的自我調節能力，與數學、閱讀成績存在著高度關聯。

比起高智能的孩子，自我調節能力強的孩子的學業表現更為優秀。只要擁有自我調節能力，即使置身於惡劣的家庭環境，也會有傑出的學業表現。如果希望孩子能順利適應校園生活，並且在學業方面取得好表現的話，首先必須協助他們管理好自我調節能力。

自我調節能力與健康

因為新冠肺炎，孩子們無法到校、轉而在家使用遠距教學的日子，越來越多。一天到晚都待在家的孩子們被打亂了生活節奏，也開始衍生出許多問題。

到校上學的時期，孩子們會在固定時間起床後，前往學校。然而，居家上課的日子只要上線點名後，孩子又可能立刻陷入昏睡。一旦白天的睡眠時間太長，到了晚上又會睡不著；晚睡的孩子，自然很難在正常上學時間起床，隔天還是會重演點名後就再度陷入沉睡，一到晚上又很難睡著的惡性循環。

再加上必須透過手機或電腦上課，孩子們使用科技產品的頻率也越來越頻繁、自由。不停玩遊戲或看影片的孩子，往往都得到深夜才肯入眠。

這種惡性循環不只一、兩天，而是持續超過一年。隨著遠距教學的日子不斷延長，越來越多因此被破壞睡眠模式的孩子，選擇就醫，尋求幫助。

孩子們的睡眠模式出現異常，其實不僅是因為新冠肺炎。早在此之前，就有許多孩子會在假日晚睡晚起，他們雖然會在上課日前嘗試早睡，但因為已習慣晚睡，而無法準時入眠。就算終於能在夜半睡去，也會為了配合上課時間、勉強早起，導致睡眠不足而無精打采。每年只要一到開學時期，即可經常見到那些因為錯誤的生活模式、飽受睡眠不足所苦的孩子，出現在診間。

比起小學生，青少年更常面臨因為晚睡晚起的睡眠模式，產生校園生活適應問題的情況。原因在於，進入青少年時期，大多孩子不會聽父母的話「早點睡」。就算明知道該睡了，卻依然想多玩一下再睡；就算早上醒了，也會鬧脾氣地反抗「我的事用不著你管」。就生物學的角度而言，確實存在青少年時期會出現偏晚睡的機制。因此，勉強要求青少年準時睡覺，絕非易事。

因自我調節能力不足，導致情緒起伏劇烈的孩子，很可能也會有飲食方面的問題，像是挑食或暴食；無法適度調節情緒一事，與厭食、肥胖皆存在很大的關聯性。

規律地吃飯、睡覺，是維持身體健康的基本。即使想再多玩一陣子，只要時間一到也得按時吃飯、睡覺——這些基本原則，必須在孩子的童年時期就開始建立；等到孩子進入青少年時期才開始想建立的話，很可能為時已晚。自我調節能力好的孩子，長大成人後，往往也會擁有比較好的健康狀況，因此，必須從小培養吃飯、睡覺等基本的自我調節能力才行。

什麼都不想做的孩子

「我們家孩子什麼都不做，只是整天待在家，不去補習班，也不運動。當我問他『不想做些什麼嗎？』時，他就會開始發脾氣。我觀察他到底都在做什麼，結果就是窩在房間一直盯著手機。手機真的這麼有趣嗎？我真的快要氣死了……」

什麼都不想做的孩子、因而焦急鬱悶的父母，這種組合在診間意外地多。

為什麼孩子們會什麼都不想做呢？誠如父母所想，是因為手機遊戲或YouTube、社群網站太有趣，他們才會整天盯著手機嗎？

恐懼「開始」的孩子們

確實有可能是因為手機遊戲或影片等內容太過有趣，才讓孩子沉迷得如入無人之境。只是，與其說是有趣，很多情況其實是因為「恐懼」，才會一直盯著手機。恐懼什麼？許多孩子對「開始」接觸一件新事物都會感到恐懼；換句話說，這些孩子們真正恐懼的是「失敗」。當孩子將「開始做某件事卻無法堅持到底」視作「失敗」時，他們就會為此感到自責。

開始拼樂高積木卻無法完成、開始閱讀卻無法讀完整本書、報名了補習班卻中途放棄、開始學游泳卻跟不上別人的進度、稍微長大後開始打工卻只做了幾天……對孩子們來說，這些都是失敗。像這種虎頭蛇尾的情況，讓孩子們漸漸在想法中累積自己的失敗經驗。最後，他們便索性不再開始任何事。

然而，中途放棄並不是失敗。嘗試過一次的人，與連一次都不曾嘗試的人，怎麼會一樣呢？就經驗值而言，只是看著炸醬麵照片的人，與實際吃過一口的人，根本無法比較。嘗試拼樂高積木卻反覆拆掉又重拼的我、讀過幾頁書的我、在游泳池練習過呼吸方法的我、至少有去面試打工的我，與什麼都沒有做過的我，並非同一個人。有過一次嘗試經驗的我，與什麼都不曾做過的我之間，其實存在極大的差距。好奇炸醬麵的味道，必須先吃一口才知道，就算最後沒辦法吃完整碗炸醬麵也無所謂。孩子需要的，是先嘗試開始的勇氣——就算中途放棄了，也能讓孩子完整地留下「曾經願意挑戰」的經驗。

開始某件事後，不一定要堅持到最後

現今社會改變的速度極快，原本堅持只走一條路，卻發現那一條路根本早在不知不覺中消失的情況，難以計數。富豪汽車（VOLVO）預計在二〇二五年前將電動車的比例擴大至百分之五十後，再於二〇三〇年起全面只製造電動車；本來負責製作化石燃料引擎的技術人員，現在得開始熟悉全新的技術。新技術取代舊技術的時間，正在逐步加速中，這個時代的關鍵，不在於堅持走完一開始選擇的路，而是必須看到整個世界的變化，然後懂得在適當的時機，做出轉換一條新跑道的判斷。

此外，假如開始出現「大多數人喜歡的路，似乎不是我要的路」的疑惑時，也應該果斷地離開。偶爾會見到因為大家鼓吹才考進醫學院的學生，卻在實際入學後發現不適合自己、盡快選擇轉到其他科系的例子；或是在就業困難中突圍而出、考進大企業後，才發現自己根本不適合在公司工作而選擇自行創業，從此過著加倍滿意的人生。人生在世，需要擁有像這樣能靠自己想清楚「那些人人稱羨的路根本不適合我」，因而決定中斷的能力。

當孩子無法從頭到尾完成一件事時，請不要過度責備與擔憂。根本不清楚自己究竟擅長些什麼事的孩子，必須實際嘗試過後，才能得知自己究竟喜不喜歡、擅不擅長。對孩子而言，勇於挑戰的勇氣比硬著頭皮跑完全程來得更重要。當孩子開始了某件事並且獲得成就時，請一起為他們感到開心；當孩子開始了某件事卻中途放棄時，請讓他們知道，是他們自主做出中途放棄的決定。當孩子因無法堅持完成一件事而感到自責，甚至開始恐懼重新開始嘗試其他事時，請告訴他們「勇於挑戰比起什麼都不願意做，更有價值百倍」，並且給予他們勇氣。

第二章

培養孩子自我調節能力的方法

害羞的孩子、衝動的孩子、具攻擊性的孩子、不安的孩子，他們即便在長大成人後，也得面對適應困難的問題。

當注意力集中的時間短或容易衝動時，出現攻擊性行為或課業遭遇困難的機率，自然比較高。

而這樣的特質，將不利於自我調節能力的發展。

04 需要教導的時刻，自我調節能力更是不可或缺

「孩子的社會化程度越來越低，我很擔心。」

有別於父母憂慮的表情，五歲的知雨面對提問時，不僅回答得很好，看起來也十分機靈。非但相當活潑、開朗，也不太害羞，不免令人有些疑惑：「這個孩子有什麼問題嗎？」若說是社會化程度不足，大概是父母過度擔心了吧？

只是，繼續多問了幾個問題後，才發覺確實有些異樣。知雨表示自己覺得幼兒園很無聊，而且同學們也都不和他玩。

以拼拼圖般，理解孩子的模樣

了解孩子的過程，恰如拼拼圖。拼了兩片拼圖後，本來以為是隻長頸鹿，卻在拼了更多片後，覺得比較像是隻花豹；沒想到在完成的瞬間，才發現其實是隻斑馬。即使是相同的孩子，也會隨著不同的人，在不同的時間、地點，發現孩子不一樣的模樣。

就算是在同樣的環境，孩子也會因為從事不同的活動，或是與不同的人一起，而表現出不同的一面。雖然都是待在診間，但我偶爾也會因為孩子單獨和我在一起時，與父母也在場時的樣貌相距太多，而不禁懷疑：「真的是同一個孩子嗎？」

因此，不能單憑在診間見到孩子的樣貌，就做出判斷。抽絲剝繭地了解孩子在家的模樣、在幼兒園或托兒所參與團體活動的模樣……等諸多面向後，才能確實掌握孩子的狀況。即便自認為已充分了解了，許多時候也會因為又發現全新的一面而倍感驚訝。孩子的模樣，總是千變萬化。

父母經常會只透過孩子與自己相處時的模樣，便自認百分之百了解孩子。然而，在家裡開朗、活潑、聽話的孩子，卻可能會在與其他同齡孩子相處時，展現截然不同的另一面。

雖然知雨在家沒有任何問題，一到幼兒園卻像是變了個人。由於知雨家中只有他一個孩子，所以大小事都是以他為主。當只有一份餐點時，自然就會通通給他吃；玩具的部分，也是知雨一個人玩。於是，在幼兒園的知雨既沒有耐心，也不懂得何謂等待。他非但不想與其他孩子分享，也不想等待其他孩子玩完，最後在忍無可忍之下動手搶奪。雖然這樣的結果並不意外，但其他孩子卻不想與知雨一起玩，導致知雨也不想去幼兒園。

我告訴知雨的父母，希望他們在家中也能與孩子訂定一些小規矩，並且嘗試練習遵守。當餐點只有一份時，可以試著與身邊的人分享；原本以知雨為主的睡覺時間，也必須在一到約定好的時間，無論多想繼續玩耍，都得上床睡覺；大人們準備餐點的期間，可以要求知雨負責擺放餐具之類的工作，賦予簡單的任務，藉此培養體貼他人的心；另外，也可以邀情同齡朋友到家中，再觀察知雨與他們玩耍的模樣，若發現他有任何做得不對的地方，便即刻出言告知。持續實踐上述的方法後，發現知雨漸漸懂得克制自己想做什麼就做什麼的衝動，並且開始熟悉體諒他人的方法。

孩子會在童年時期藉由一次次錯誤，學習生存的方法。本來任性妄為的孩子也會在循循善誘後，懂得如何控制想大吼大叫的欲望；就算出現嫉妒的情緒，也不該弄壞朋友的新玩具；即使當下很想吃糖果，也必須等到吃完飯才可以吃……孩子們會漸漸熟悉這些約定。換句話說，**正確的教育絕對可以有效培養自我調節能力**。

只要孩子準備好了，便可以開始培養自我調節能力

自我調節能力需要培養到什麼程度？有辦法自主爬行、站立、走路、跑步，是對大肌肉的自我調節能力；有辦法使用湯匙、運用色鉛筆塗鴉、摺紙，是對小肌肉的自我調節能力；有辦法自主大、小便，是對括約肌的自我調節能

力；懂得挑選用字遣詞，並節制不應該說出口的話，是關於反應抑制（reactive inhibition）的自我調節能力；即使在憤怒的狀態下，也不會丟擲東西或毆打別人，是對情緒的自我調節能力。

如此多樣的自我調節能力，不可能全以相同的速度發展。跑得像閃電一樣快的孩子，或許依然是個愛哭鬼；能言善道的孩子，或許依然會在晚上尿床。

掌握孩子自我調節能力一事，同樣也像拼拼圖。在家裡玩得很好的孩子，在學校也一樣嗎？獨自玩耍毫無問題的孩子，可能在與同齡朋友相處時，變成了完全不願意讓步的任性鬼。

讓我們先一起看看下頁表格，了解孩子在各領域的自我調節能力。如此一來，自然就能明白孩子的自我調節能力發展進度。配合孩子的進度後，再慢慢培養相關不足的部分。

自我調節能力發展進度表

自我調節能力的種類	具體的例子
大肌肉調節能力	抬頭 爬行 站立 走路 跑步 爬樓梯 騎三輪車
小肌肉調節能力	使用湯匙 畫圓 使用剪刀
括約肌調節能力	自主大便 自主小便
情緒調節能力	使用話語調節情緒 （說「停」時自主停止哭泣） 努力克制想哭的情緒 使用話語表達憤怒

反應抑制調節能力	不丟擲東西 不毆打他人 不捉弄他人 不說髒話 不說令他人尷尬的話
社會化調節能力	理解他人的立場
道德感調節能力	不說謊 不偷竊
執行調節能力	擬定計畫 自動自發 不拖延
時間調節能力	分辨昨天、今天與明天 準時完成 不遲到
專注力調節能力	忍受並從事不喜歡的學習 閱讀無趣的課本

氣質、教育，以及自我調節能力

教育，是孩子適應社會的必要過程，但教育不應該齊頭式適用於所有孩子，也沒有非得適用於所有孩子的必要。因為每個孩子需要加強的氣質、需要用心對待的氣質，完全不一樣。

每個人都有各種不同的樣貌，與熟識的人在一起時，總是嘰嘰喳喳說個不停的人，卻可能在陌生人面前像是吃了黃蓮的啞巴一樣，什麼也說不出口。這種人，應該歸類為外向還是內向呢？一般來說，就算是外向的人也可能會在特定的情況，突然變成內向的人。

我們很難用一句話，片面定義孩子的氣質。如果想了解孩子的氣質，首先必須在多樣的環境，觀察與理解孩子的行為。

美國心理學者亞歷山大・湯瑪斯（Alexander Thomas）與兒童精神科醫生史黛拉・翟斯（Stella Chess），實際測試過孩子們的特質後，區分為簡單型孩子、困難型孩子、慢熟型孩子。不過，這僅是根據統計資料的分類而已。其中又有百分之三十五，也就是大約有三分之一的孩子，不屬於任何類別。即便是被歸類在簡單型的孩子，也會因為特定情況，例如離開父母身邊之類的事而變得格外敏感。反之，有些困難型的孩子只要一坐上車就會笑得開懷、玩得開心，一點也不亞於簡單型的孩子。

所有孩子都是細膩且獨一無二的，請不要將孩子困在簡單型、困難型、慢熟型的框架之中。藉由留心觀察孩子在什麼時候、做出什麼行為，掌握自家兒女獨有的性格，更為重要。

在診間見過的孩子們，各有各的特色，有些孩子會仔細地注視初次見面的醫師，有些孩子則完全不在意醫師，只顧著到處走來走去，伸手觸摸新玩具。童年時期出現的這些特質，究竟會持續到什麼時候呢？某些維持不久的特質很快就會消失，某些特質儘管經過歲月流轉，也會持續影響孩子的行為，直到長大成人也依然存在。不過，活動量、注意力分散度、規避性、反應閾*、情緒本

* 敏感度，亦指引導孩子某種反應所需要的刺激量。受到一點刺激就產生激烈反應的孩子，表示其反應閾低；反之亦然。

質、反應強度等特質，不少都深受遺傳基因的影響，會維持極長的時間。

發展心理學家傑羅姆・凱根（Jerome Kagan），以兩歲大的孩子們為研究對象，進行了一項實驗。實驗分為看見陌生人或事物會變得畏縮的孩子、能輕鬆接觸的孩子兩大類型，並持續觀察這些孩子們，長大成人後是否會依然維持這種性格。兩歲大時看見陌生人或事物會變得畏縮的孩子，即使到了二十一歲，被稱為恐懼中樞的杏仁體，依然會在見到陌生的東西時產生劇烈的反應；意即童年時期對陌生人事物反感的特質，儘管在長大成人後仍然持續。

放任不管的話就會維持一輩子的這些氣質，究竟有哪些應該積極培養，又有哪些應該予以改善呢？

應該改善的氣質

害羞的孩子、衝動的孩子、具攻擊性的孩子、不安的孩子，他們即便在長大成人後，也必須面對適應困難的問題。當注意力集中的時間短或容易衝動時，出現攻擊性行為或課業遭遇困難的機率，自然比較高。膽小的孩子，當然比較容易感到不安；相反的，根據研究報告顯示，如果在童年時期就較大膽且衝動的話，這類孩子會在數年後變得更具攻擊性。衝動或具攻擊性，將不利於自我調節能力的發展，因此我們會建議透過教育與練習，予以改正。

應該培養的氣質

當發現新鮮、有趣的東西時，有些孩子會因而多看一陣子，有些孩子則會立刻表現得相當排斥。這些特質會於數年後，開始對智力產生影響。相對於容易出現排斥反應的孩子，一歲大時就能耐心凝視某樣東西，並對其產生興趣的孩子，智力也會在數年後變得較高。擁有長時間專注的能力，是培養自我調節能力的重要關鍵之一。難於專注的孩子，建議透過轉換環境，或是拉長專注時間的練習，培養他們的專注能力。

培養自我調節能力的教育方法

孩子的行為需要矯正的時候，對父母而言，其實也是打開培養孩子自我調節能力的一扇機會之窗。自我調節能力，會依照父母的教導方式有所改變。有些父母，只要給他們一些具體的關鍵字，就懂得如何透過練習的方式，培養孩子的自我調節能力；有些父母則是會在孩子需要教導的當下，選擇使用高壓的方式壓制他們的行為，結果反而阻礙了孩子培養自我調節能力的機會。

心理學家黛安娜・鮑姆林德（Diana Baumrind）根據父母對孩子的容忍度，以及對孩子的期待、要求多寡，將父母區分為三種教養方式。

✪ 專制型（authoritarian）

想像過度嚴苛的風格即可理解，父母對孩子的包容度幾乎是零，是要求極多的類型。嚴格、毫無商量空間，對孩子表現得相當冷酷。

✪ 放任型（permissive）

試著想一想過度溫柔的類型。無條件答應孩子的要求，也不太要求孩子遵守任何規矩。沒有禮貌、嬌生慣養孩子的父母，大部分都是放任型。

✪ 恩威並重型（authoritative）

雖然很願意接受孩子的請求，但不會放任孩子肆意妄為，對孩子也有一定程度的要求。規矩與規律相當明確，卻不是毫無商量空間，會依據情況給予例外的處理方式。

阿姆斯特丹大學的潔西卡・皮歐特洛夫斯基（Jessica Piotrowski）教授，以一千一百四十一名二至八歲的孩子與其父母作為研究對象，分析教養方式對自我調節能力的影響。結果顯示，恩威並重型父母的孩子自我調節能力最好；相反，當父母是專制型或放任型時，孩子的自我調節能力便會發展得較差。

從這項研究結果，可以看出過度嚴格或過度放任，皆會對自我調節能力的發展產生不好的影響。**唯有兼具和藹、寬容，並且讓孩子一起參與重要決策的過程，共同決定規則的教養方式，才能有助於孩子的自我調節能力發展。**

恩威並重型父母究竟有什麼不同？

恩威並重型父母的教育方式，具有以下特徵。

✪ 協助孩子使用話語表達情緒

孩子在身體不舒服時也會哭、會生氣，與其無條件地要求他們不要哭，其實更應引導他們使用話語表達「自己為什麼哭」的情緒，像是「你覺得很難過嗎？當你感覺憤怒時，不要哭，要用說的，說你生氣了。」懂得使用話語表達情緒後，要找出安撫情緒的方法就會簡單許多。如果是身體不舒服，就找出不舒服的原因後再給予撫慰；如果是生氣，只要找出消氣的方法，就能解決。

憤怒的孩子，有時可能會丟擲或打碎東西。原因在於，他們在使用行為表達情緒的自我調節能力尚未成熟。此時，我們應該協助孩子使用話語表達情緒，並練習透過話語穩定情緒。即使是只有四歲的孩子，也能在告訴自己「停！」的時候，努力停止哭泣。孩子年幼時，或許會把所有話向外在傾訴，但隨著逐漸長大，也開始懂得向內在說話，藉此調節情緒。

✪清楚說明具體的指引

當孩子失誤或做錯事時，請明確告知他們下次可以如何改進，而非一味責備。假如孩子因為生氣而胡亂丟擲東西時，大人只會大聲斥責「幹嘛亂丟東西！」的話，恐怕已經錯失了培養孩子自我調節能力的機會了。不妨試著以「下次生氣的時候，可以先在心裡慢慢數到三」的方式教導孩子。

✪細心察覺孩子的狀態後，即時給予呼應

孩子通常會藉由父母的反應進行學習，當父母懂得適時為孩子的情緒、心

思、行為給予反應時，孩子便能迅速認知自己的行為究竟正確或錯誤。

有個孩子想自己一個人享用零食，可是卻因為弟弟、妹妹也想要吃，所以忍住獨享的衝動，選擇與他們分享。此時，只要父母做出「你忍住了本來想要自己吃的想法嗎？懂得分享是件很好的事喔！」之類的稱讚，孩子就能學會在下一次也努力克制自己的衝動。

✪ 明確畫清界線

預先清楚告知孩子「可以」與「不可以」的界線，在孩子費心不讓自己越界的同時，便已是在培養他們的自我調節能力。

✪ 父母必須好好調節自身的情緒

假如在要求孩子不要大吼大叫的同時，父母本身卻在大吼大叫的話，孩子自然就會先一步學習父母的身教，而非言教。當期望孩子懂得好好控制行為時，父母必須先以身作則。

自我調節能力與共感能力

共感能力，指的是察覺他人的情緒或想法後，給予理解的態度，並作出適當行為的能力。看見他人哭泣時，有些嬰兒會跟著開始哭或呆在原地。等到進入學步期後，便會出現安慰他人的行為。原本只知道「自己」的孩子，逐漸明白如何區分自己與他人，並且懂得理解他人的情緒或立場。

情緒會傳染，當身旁的人在哭時，我們也會變得悲傷。對於情緒的共感能力，是與生俱來的能力，也是自動自發的過程。哪怕僅是剛出生十分鐘的孩子，也會在看見爸爸的表情後，跟著做出一樣的表情。只要新生兒室裡有一個孩子開始哭，其他孩子們也會跟著一起哭，其原因同樣源於這種與生俱來的情緒共感能力。

大約到了一歲時，孩子會開始留意他人的情緒。當感受到與他人類似的情緒時，孩子會在安撫他人的同時，懂得調節自我的情緒。根據研究結果顯示，自學步期起便擁有情緒調節能力的孩子，共感能力也會比較好；等到兩歲左右，孩子會更加理解他人的心理狀態，並且出現社會化行為。共感能力較強的孩子，社會化程度也會比較好，不僅能與同齡孩子相處融洽，適應社會的能力也較佳。共感能力的正面效果，會一直持續到青少年時期。

父母處理孩子情緒的方式，基本上可以分為兩大種類；一種是透過導引情緒的方式，另一種則是忽視情緒的方式。

導引情緒型的父母，通常都能清楚認知自我的情緒與孩子的情緒。這種父母懂得好好與孩子談論關於情緒與心情的事，並且在孩子出現發脾氣或哭鬧等負面情緒時，使用「你是為了剛剛那件事在生氣啊？讓爸爸安慰你一下吧！」等話語，指導孩子積極收拾情緒。

忽視情緒型的父母，則是無法清楚認知自我的情緒與孩子的情緒。在表達情緒方面，尤其是表達負面情緒時，往往都會使用「為了這點小事也要哭？」之類的話語，忽視孩子感受到的情緒，或是表現出不耐煩的態度。

根據學到的方式不同，孩子理解與安撫情緒的能力也會有所差異。在導引情緒型父母底下成長的孩子，對情緒理解程度較高，調節情緒的能力也較好。因此，不僅適應社會的能力以及與同齡孩子的關係自然會較佳，課業表現通常比較優秀，且自尊感也較高。**如果想提升孩子的情緒調節能力與共感能力，建議父母先懂得共感、寬容孩子的情緒，並且多互相分享關於情緒的話題。**

孩子會在童年時期藉由一次次錯誤，學習生存的方法。本來任性妄為的孩子也會在循循善誘後，懂得如何控制想大吼大叫的欲望；就算出現嫉妒的情緒，也不該弄壞朋友新玩具；即使當下很想吃糖果，也必須等到吃完飯才可以吃……孩子們會漸漸熟悉這些說好的約定。換句話說，正確的教育絕對可以有效培養自我調節能力。

05 善用獎勵，培養自我調節能力

美國行為主義心理學家斯金納（Skinner）透過動物實驗發現，獎懲方式對改變動物行為，存在一定程度的效果。因此，我們知道使用獎懲方式的行為療法，對於矯正孩子的錯誤行為，具有明顯的效果。ABC矯正法、獎勵貼紙、暫時隔離法（time out）等，都是很好的例子。尤其是當父母正確且妥當地將行為療法用於孩子身上時，其效果也會加倍顯著。

當體罰反而變成獎勵的情況

然而，父母適當實踐行為療法的情況卻不常見。有時，父母自認為給予的懲罰，經過仔細檢視後，其實反倒是一種獎勵。舉例如下：

媽媽要求恩秀去寫功課，沒想到，恩秀竟突然說了句「靠！」然後將握在手中的杯子使勁一摔。雖然幸好是塑膠杯才沒有破碎，但杯中的水早已灑得到處都是。媽媽被恩秀的行為嚇壞了。

「這是什麼沒禮貌的惡劣態度？你現在變得這麼沒規矩了嗎？」

大聲斥責後，怒火一發不可收拾的媽媽用手掌打了一下恩秀的背，接著又開始咆哮：

「少在這裡礙眼，回你房間去！」

恩秀哭著回到自己的房間，而又打又罵的媽媽，自認為已經懲罰了恩秀。只是，恩秀做出失禮行為的情況依然持續發生，動不動就會隨口說出「靠！」，並且丟擲手中的東西。

為什麼恩秀的行為絲毫沒有改變？其實是因為媽媽覺得自己已懲罰了孩子，事實上卻是在給予獎勵。恩秀真正討厭的事，是寫功課；而當她做出失禮行為後，便轉變成「就算不寫功課也無所謂」的情況。當恩秀下次想逃避不想做的事時，即會做出失禮的行為。

在診間，我們可以使用一些方法來確認父母的行為，是否正確地達到教訓的效果。父母先試著將自己教訓孩子的前、後情況寫下來，依序包括時間、事件（孩子的問題行為）、父母的行為、事件的結果。

不妨試著寫一下恩秀的情況？

恩秀的互動分析表	
日期與時間	二〇二二年四月二十日晚上八點
事件	要求恩秀去寫功課。 恩秀邊說「靠！」邊丟杯子。
媽媽的想法與情緒	認為應該矯正孩子的態度。非常生氣。
媽媽的行為	教訓孩子時，打了她的背，然後把她趕回房間。
結果	恩秀哭著回房間。

教訓的起始，是媽媽要求恩秀寫功課，結果到最後，卻完全沒人知道恩秀的功課做得如何。

這就是問題所在。無論如何，恩秀不想寫的功課最終是沒寫了。媽媽在教訓恩秀失禮行為的同時，也該回到一開始「要求她去寫功課」的起點。如此一來，恩秀才不會為了逃避不想做的事而做出問題行為。像這樣好像做了行為療法，卻因為錯誤使用而導致效果不彰的情況，其實不在少數。

給予獎勵的原因，在於讓孩子知道「這是值得獎勵的行為，你可以多做」。換句話說，即是賦予孩子多做良好行為的動機。善用獎勵，孩子也會漸漸做出越來越多良好行為。

不好的獎勵：無法改變行為的獎勵

儘管父母費盡心思給予獎勵，有時卻面臨得不到任何效果，甚至反而出現莫名其妙的情況，這種時候，即是不好的獎勵。具體來說，何謂不好的獎勵？

✪ 含糊的獎勵

假設是因為孩子很聽話，所以給予獎勵的情境。只是，「很聽話」的標準是什麼？一字不差地執行父母說的話，就是「很聽話」嗎？當使用含糊的標準給予獎勵時，只會使得給予與獲得獎勵的人都陷入混亂、矛盾。一旦孩子自認為已經很聽話卻沒有得到獎勵時，他們便會因此覺得委屈。

✪ 不可預測的獎勵

隨著父母的心情或情況變來變去的獎勵，也是不好的獎勵。如果能獲得獎勵當然很好，但無法獲得獎勵時也令人惱火。站在孩子的立場來說，既然是根據父母的心情決定能否獲得獎勵，那麼自己也沒有必要為此費心，因此，便無法激發孩子獲得獎勵的動機。

✪ 對孩子有害之物

千萬不能因為孩子喜歡，就使用對他們有害的東西當作獎勵，像是添加咖啡因的糖果或冰淇淋，皆會阻礙孩子的睡眠與成長。無論是過度濫用遊戲機，或是攝取添加過多糖、油的食物等，對孩子的健康都不是件好事，也都不是好的獎勵。

✪ 物質至上的獎勵

提到「獎勵」，不少父母都會即刻想起金錢或物品。只是，努力或肯定的代價不一定非得與物質掛勾；一不小心，甚至可能讓孩子變得只會以金錢換算稱讚、認同的價值，像是「上次成績拿到一顆星就有一千元，為什麼這次要拿到五顆星才有一千元？」之類的想法。開始習慣這種方式後，即使再給孩子任何獎勵，都有可能引起他們的不滿。給予獎勵卻沒有成功建立動機，便不能稱為好的獎勵。

✪接受者不喜歡的獎勵

像是以「製作一份有機蔬菜沙拉」當作給予孩子的獎勵。父母認為這是對孩子健康有益的獎勵，但站在孩子的立場，他們只會摸不著頭緒地覺得：「這是什麼？」讓接受者喜歡的獎勵，才是真正的好獎勵。如果父母自以為地給了份獎勵，但孩子卻絲毫不以為意的話，根本對賦予孩子動機一點幫助也沒有。

✪給予第一名獎勵

給予第一名獎勵時，會使孩子產生與他人比較的心理。雖然與人比較有時確實能成為努力的動機，但無法成為第一名時，也會帶來挫敗感。世上存在所有事都做得十全十美的人嗎？歌唱比賽的冠軍，可能跑步跑得很爛；讀書心得寫得很好的人，也可能畫圖畫得很差。有些人無論再怎麼努力，就是沒辦法在特定領域獲得第一名，但每個人都擁有獨一無二的性格與能力。好的獎勵，不是與他人比較，而是與昨天的自己比較後獲得的獎勵。

好的獎勵：改變孩子行為的獎勵

讓我們一起看看，什麼是可以賦予孩子努力動機、改變行為的好獎勵吧！

✪ 事先約定的獎勵

請事先與孩子討論要以什麼東西作為獎勵。建議訂定一些所有人看了都會覺得明確、公平的標準，來決定哪些行為可以獲得獎勵。這種獎勵方式能讓孩子清楚知道獲得獎勵的標準，並成為確切的動機，有助於培養自我調節能力。

✪ 前後一致的獎勵

如果是事先說好的獎勵，請務必遵守約定。當給予獎勵的態度沒有前後一致時，孩子就會無法信任父母，也不會持續良好的行為。

✪ 孩子喜歡的獎勵

給予孩子喜歡的獎勵，才能賦予他們動機。就算父母眼中沒用的貼紙組合、完全不適合的帽子，只要孩子能收到他們想要的獎勵，都能為此感到開心不已，對於改善行為也有幫助。

✪ 給予贏過「昨天」的孩子獎勵

給予孩子獎勵時，請將他們與昨天的自己比較，而非與他人比較。面對相同情況時，如果孩子上一次是嚎啕大哭，而這一次是努力忍耐的話，便已值得給予獎勵。請務必將這個部分一併告訴孩子。

✪ 針對過程而非結果的獎勵

即使結果不理想，但若孩子已嘗試努力過了，也請給予獎勵。假如只是一味強調結果，孩子有時會變得心存僥倖。如果期望的是真正培養孩子的自我調節能力，就請為孩子願意挑戰難度稍高的課題、就算做得不好也堅持到最後、沒有放棄的部分，給予獎勵。

✪稱讚

無論孩子多麼熱愛某個特定物件，最好的獎勵始終是父母的肯定與關心。當孩子努力時，請不要吝嗇給予稱讚。

比起獎勵更有效的高自尊感

儘管確實執行了行為療法，但獎懲並非萬能。因為還有比激發、引導孩子行為的獎懲，來得更重要的東西。

小學四年級的熙準綽號是「生氣王」。經常為了一些芝麻綠豆的小事鬧脾氣的他，因此被取了這個綽號。這天，父母帶著熙準去附近一家他喜歡的炸豬排店，但到了餐廳才發現當天恰巧是店家的公休日。沒有如願吃到炸豬排的熙準，一如往常地鬧脾氣，他不講道理地耍賴，並大聲咆哮。

「為什麼偏偏是今天公休！為什麼要挑公休日來！」

熙準鬧脾氣的情況，甚至到了路人們全都回頭看發生什麼事的程度。父母告訴熙準「下次一定會再帶你來吃」，然後將他帶往炸雞店。雖然熙準吃了炸雞後情緒稍微平靜些，但他依然不停嘟囔，表現得相當不耐煩。

熙準不鬧脾氣的日子，父母會給他零用錢或買好吃的東西；反之，鬧脾氣的日子就會不讓他玩遊戲——父母試著透過諸如此類的方式，調節熙準的憤怒情緒。這種獎懲方式，在某些日子看起來確實效果不錯。然而，在某些日子卻完全無效。熙準依然是個難以伺候、動不動就鬧脾氣的孩子。

除了獎懲外，父母也試過其他方法。當熙準耍賴或發脾氣時，盡可能不給任何反應以讓他自己冷靜下來；相反的，如果他好好控制憤怒的情緒，便會主動給予關注與稱讚。這個方法同樣只能在某些日子奏效，在某些日子卻完全沒有任何效果。

某天，熙準表示自己想要養狗。憂心熙準會對小狗發脾氣的父母，對這個要求顯得有些遲疑。不過，在熙準的苦苦哀求之下，他們終於領養了一隻兩個月大的小狗。

然而，奇蹟似的事情發生了。熙準從此成為總是在笑的孩子。非但鬧脾氣的次數減少許多，就算偶爾生氣了，也只是稍微表現出不耐煩便消氣。怎麼可能會有這種事？父母對此感到相當驚訝。

整天跟在熙準身後的小狗，讓他感覺自己是個舉足輕重的人。每當回頭見到弱小的小狗時，都能讓熙準感受到自己是個重要人物的自尊感。單憑獎懲制度完全改變不了的熙準的心，卻被小狗成功擄獲了。

父母看著熙準的改變，才領悟到自己做錯了——因為他們從來就沒有發自真心地肯定與尊重孩子。只是認為他是個愛發脾氣的孩子，所以將所有心思都專注於如何藉由獎懲制度，安撫熙準的憤怒。

改變孩子的，不是單純的獎勵與懲罰，而是真正的疼愛與尊重、肯定的心。

唯有做到這點，才能讓孩子自主培養自尊感，並且在毋需任何人的指令之下，也能獨立調節自我情緒與做出良好行為。

自尊感，是培養自我調節能力的超強引擎。

即使結果不理想，但若孩子已嘗試努力過了，也請給予獎勵。假如只是一味強調結果，孩子有時會變得心存僥倖。如果期望的是真正培養孩子的自我調節能力，就請為孩子願意挑戰難度稍高的課題、就算做得不好也堅持到最後、沒有放棄的部分，給予獎勵。

06 問題，終究在於「信任」

一九六〇至一九七〇年代期間，史丹佛大學的心理學家沃爾特・米歇爾（Walter Mischel）帶著六百名兒童，進行了一場關於耐心的實驗，也就是著名的棉花糖實驗（Marshmallow Experiment）。

實驗團隊將參與實驗的三至五歲兒童各自帶進實驗室坐好，並將一個棉花糖放在他們面前。接著，與孩子約定好「我先出去一下再回來，如果到時你都沒有把棉花糖吃掉的話，我會再多給你一個棉花糖」。經過十五分鐘後，當研究人員回來時，若孩子真的沒有吃掉棉花糖並且待在原處等待，便會再多給他們一個棉花糖。

實驗結果可以將孩子們的反應大致分為幾種。有些孩子在實驗人員話都還沒說完時，便已經把棉花糖吃掉了；有些孩子在實驗人員一離開現場，便吃掉棉花糖；另外，也有些孩子真的忍了十五分鐘，然後在最後得到兩個棉花糖。

棉花糖實驗之所以如此有名，其原因在於實驗團隊等到孩子長大成為青少年後，又做了追蹤調查，並發表了後續研究。實驗團隊透過後續研究，發現：當初選擇等待十五分鐘才吃棉花糖的孩子，在進入青少年時期後，無論是認知能力或學業成績的表現都較為優秀。這項實驗結果在社會引起廣大迴響，「培養孩子的耐心」也因此成為教育的重要主題。

棉花糖實驗的漏洞

然而，棉花糖實驗的結果卻存在問題點。在當初參與過該實驗的六百名兒童中，長大後又接受後續追蹤調查的人數不到五十名——再加上，大部分都是生活優渥的高學歷白人父母的孩子。因此，有人便質疑這個結果是否存在沒有廣納家境貧窮、其他人種、低學歷父母的孩子的問題。

紐約大學的泰勒・華茲（Tyler Watts）與加州大學爾灣分校的格雷格・當肯（Greg Duncan）、何華・南昆（Hoanan Quen），以九百八十一名年滿四歲的孩子作為研究對象，進行了一場類似的實驗。在九百八十一名的孩子中，有五百名是母親沒有接受過高等教育的孩子。之後，又於這些孩子們年滿十五歲時，針對他們的學習能力進行調查。調查結果顯示，孩提時期展現的耐心與青少年時期的學業，並不存在太大的關聯性。另外，想要盡快吃掉棉花糖的行為，與孩子的家庭環境更為相關，而非耐心；家境清寒的孩子們，通常會有想快點吃掉眼前棉花糖的傾向。

為什麼貧窮的孩子會想要快點吃掉棉花糖？由於家境清寒的父母沒有寬裕的經濟條件，所以可能會發生無法如期完成約定的情形。因此，比起相信大人的約定、乖乖等待，孩子們認為馬上吃掉眼前的食物才是更明智的做法。藉此說明了當大人越能遵守約定，孩子的耐心也會越好一事。

等待的能力，取決於遵守約定

美國羅徹斯特大學的認知科學家賽樂思特・奇德（Celeste Kid）等人，帶領二十八名孩子進行一項藝術活動，過程中一一派發蠟筆給他們。接著，與孩子們約定會再給他們一些黏土與色紙；然而，最後只給了其中十四名黏土與色紙，但沒有給另外十四名任何東西——意即對一半的孩子失約了。

隨後，帶著這些孩子繼續進行棉花糖實驗。依約獲得黏土與色紙的孩子，在耐心的部分表現得很好，平均會等待至十二分鐘，且其中有九名一直忍到了最後，並獲得額外的棉花糖；相反，曾經經歷大人們沒有遵守約定的十四名孩子，平均只等了三分鐘，僅有一名願意等到最後都沒有吃掉棉花糖。

偶爾會遇見想把診間的玩具帶回家的孩子。這種時候，父母們通常會以「你把這個放下，我等一下買冰淇淋給你」、「等一下帶你去你最喜歡的遊樂場」之類的方式安撫孩子，讓他們願意放下玩具，離開診間。看著這些父母，我的內心其實有些擔心——孩子們當下雖然被成功安撫了，但如果大人沒有遵守約定的話，下次還有辦法使用同一招安撫孩子嗎？原因在於，我很清楚孩子是因為百分百相信父母才願意忍耐與等待。

取得孩子信任的方法

如果想培養出自我調節能力強的孩子，父母獲得孩子的信任是一大關鍵。想要獲得孩子的信任，必須搭配始終如一的教養方式。接下來的篇章，將談論關於父母該如何實踐始終如一的教養方式。

請不要做出無法依約完成的承諾或威脅

給孩子承諾前，建議先慎重思考自己是否能依約遵守。「你再這樣的話，我以後就不買冰淇淋給你了！」是經常能見到用來威脅孩子的方式，而這也是無法遵守的承諾之一。

如果以後真的再也不買冰淇淋給孩子了呢？顯然不可能。幾天後，父母又會買冰淇淋給孩子——這是父母自己破壞信任的行為。為人父母者，必須有對自己每一句話負上責任的覺悟。

✪父母必須穩定自己的情緒

沒有父母不知道遵守約定是多麼重要的事，也沒有打從一開始就決定失約的父母。大部分的父母都努力嘗試過遵守約定，但在憤怒的狀態下，不少父母都會因此脫口說出未經思考的話，成為先破壞約定的一方。

事先與孩子約定好「只要寫完作業就可以玩一小時電動」，當孩子完成作業準備開始玩電動時，弟弟卻跑來吵著說自己要先玩，爭執不下的兄弟搞得整個家吵吵鬧鬧；火冒三丈的父母於是咆哮了一句：「當哥哥的人，為什麼不能讓一下弟弟？你今天不能玩電動！」孩子為此感到委屈、傷心。自己明明已經寫完作業了，是父母先不遵守約定的！反正不管怎麼樣都玩不到電動了，自然就會開始減少用心寫作業的積極度。

首先，父母得要控制好自己的脾氣。請不要說出日後會後悔的話，請再多想一次，也請不要讓孩子覺得委屈。

✪保持穩定的情緒狀態

當內心感到不安、憂鬱時，衝動行事的機率也越高。罹患憂鬱症的父母，很難使用始終如一的態度對待孩子。假如，總是很難在孩子面前控制憤怒情緒的話，建議先檢查看看自己，是否患有焦慮症或憂鬱症。萬一症狀加劇，也請衡量是否需要尋求專家的協助。

✪適當休息

太過疲憊時，很難維持一貫的教育方式。尤其是在睡眠不足的隔天，連帶變得敏感的父母也可能因為一時衝動，而隨便對待孩子。就算是為了孩子也好，務必獲得充足的休息。

配合發展階段，運用遊戲

孩子們會在玩耍中培養自我調節能力。當孩子使用手摸、腳踢去玩床邊的吊掛玩具時，即是在培養他們對大肌肉的調節能力；在拼樂高積木、使用剪刀、運用蠟筆塗鴉的期間，透過使用手指促進小肌肉的發達；擬定計畫、組裝積木的孩子，也是在培養自我調節能力與對於小肌肉的調節能力。

與朋友間的玩耍，是自我調節能力的實踐

兩個六歲的孩子坐在一起玩家家酒，「你當爸爸，我當媽媽」，發揮想像力有樣學樣地扮演起媽媽、爸爸的角色。在規畫各種劇情的同時，孩子也正在培養他們計畫與實踐的自我調節能力。玩著玩著，其中一名孩子開始拿起玩具菜刀切玩具蔬菜，表示自己準備開始做料理了；而另一名孩子則說自己也要做。可是，只

有一把菜刀。孩子說了句「好」，然後遞上菜刀。藉由禮讓菜刀的過程，孩子培養了自己的耐心。

兩個八歲的孩子坐在一起玩桌遊，其中一個孩子連續贏了兩局，於是另一個輸的孩子開始發脾氣，一邊說著「我不玩了！」一邊丟桌遊道具；此時，突然意識到贏的孩子好像會因此不再和自己玩後，輸的孩子才強忍著憤怒得快哭出來的情緒，重新開始下一局。連續贏了兩局的孩子，情緒相當興奮，得意洋洋地想獲得對方的羨慕，不停說著「我天下無敵！我永遠都贏！」，卻在見到輸掉遊戲的朋友表情時，心情頓時感到不自在，甚至有些想哭；於是，贏的孩子克制住想說的話，重新開始遊戲。

孩子們在玩桌遊的輸與贏之間，漸漸懂得調節自我的情緒。孩子們順利培養了克制衝動與調節情緒的能力。此外，理解桌遊規則的同時，也有助於記憶力與注意力的發展。

孩子的主動行為是一種正面信號

有些遊戲在大人眼中看起來不太重要，也沒什麼意義。舉例來說，像是無限重複上、下樓梯，或是推著餐椅在客廳繞來繞去。就算阻止他們，孩子也會繼續重複同樣動作直到厭煩為止。諸如此類的遊戲，都能協助孩子發展他們對自己身體的控制能力、對大肌肉的調節能力。孩子們懂得配合自己的發展階段，找出適當的遊戲，然後藉由重複這些遊戲的過程，培養自我調節能力。

沒有父母不知道遵守約定是多麼重要的事，也沒有打從一開始就決定失約的父母。大部分的父母都努力嘗試過遵守約定，但在憤怒的狀態下，不少父母都會因此脫口說出未經思考的話，成為先破壞約定的一方。

第三章

自我調節能力的發展階段

擁有積極正面的自我概念，是自我調節的強烈動機。

具備正面自我概念、以積極方式敘述自己的孩子，自然有利於培養自我調節能力。

若想適當促進孩子的自我調節能力發展，則必須協助他們擁有積極、正面的自我概念。

07

第〇階段——藉由依戀培養自我肯定感

自我調節能力，是安全型依戀的根基。形成依戀類型的時期，父母的反應比孩子本身的努力來得更重要。因此，與其說是積極培養自我調節能力的時期，不妨將其理解為「基礎建設工程」。假如目前尚未形成依戀類型的話，除了孩子的自我調節能力外，努力與孩子建立深厚的關係同樣不可或缺。

人類是直立行走的動物，假如骨盆較寬，雙腳會因為間距過寬導致難以敏捷行走，所以身為直立行走動物的人類只能擁有較窄的骨盆。孩子出生時，會經過媽媽的骨盆來到這個世界，萬一孩子的頭太大，可能會很難經過媽媽窄小的骨盆，順利出生。因此，孩子是趁著在媽媽肚子裡尚未長得過大前，就會以未成熟的狀態離開母體。

在哺乳類動物之中，無法一出生就會行走的，只有人類。人類出生後，至少得經過一年的時間才開始懂得行走；哪怕經過三年後，跑到一半跌倒也仍是家常便飯。以這種未成熟狀態出生的人類小孩，根本不可能獨立生存，一定得有人從旁照顧才行；孩子與照顧自己的人之間需要依戀。對孩子來說，依戀等同生存。

依戀，是發展的基礎建設

就像地基要夠穩固，才能蓋出安全的房子一樣，用心建立安全型依戀，孩子才能好好長大。依戀，是孩子看待自己與世界的標準，形成安全型依戀的孩子，懂得以正向的角度看待自己與他人，並且會認為這個世界是溫暖、安全的地方。由於情緒相對穩定，因此對於他人或世界也不會感到恐懼。

培養自我調節能力的過程，其實就是在累積依戀的基土。依戀關係形成得好的孩子，不僅懂得相信自己，也比較易於面對挑戰、具耐心，以及承受悲傷。

依戀關係，是孩子與主要照顧者的共同結晶。孩子同樣會積極參與形成與建立依戀關係。

源於本能的依戀行為

孩子出生後，經常會盯著擁抱、注視著自己的照顧者的臉。於是，他們看著照顧者的表情，然後開始模仿。打從出生起，大腦的鏡像神經元就會在見到他人的瞬間活化，讓人跟著做出與對方類似的表情——表情，即是情緒。練習捕捉照顧者情緒的行為，早在一出生時便開始了，像是出生不過幾個月的孩子，已經懂得露出笑容、牙牙學語，以及要求擁抱；原本嚎啕大哭的孩子，也會在獲得擁抱後，停止哭泣並露出燦爛笑顏。

這些行為，都是為了讓照顧者能持續待在孩子的周圍；照顧者的遠離，會讓孩子的存活機率降低，唯有盡可能將照顧者留在身邊，孩子才能提高自己的存活機率。孩子所有討喜的行為，是形成依戀關係的重要功能。

隨著孩子長到六個月後，會開始明顯出現對主要照顧者的依戀行為，當陌生人出現時，孩子會顯露戒備的態度與放聲大哭等怕生的表現；再經過一段時間後，希望能一直待在主要照顧者身旁的孩子會極度害怕分離——於是，孩子開始出現分離焦慮。

孩子會藉由與自己形成依戀關係的主要照顧者的眼光，看待這個世界。置身陌生環境時，他們會透過觀察主要照顧者的表情，來理解情況。舉例來說，初次踏足看起來像斷崖，實際卻加裝了強化玻璃保護的地方時，孩子會先看看父母的表情，確認安全與否；對孩子來說，父母的笑容能給予他們挑戰新事物的勇氣。

依戀與自我調節能力的關係

當主要照顧者能敏感地掌握孩子的狀態並即時給予反應，且態度總是始終如一時，孩子與主要照顧者便能形成安全型的依戀關係。在這種照顧之下成長的孩子，情緒起伏平穩，情緒調節能力也能發展得比較好。

在實際的實驗結果中，也能確定這些事實。在孩子一歲時接受依戀類型的檢測後，再於六歲與十一歲時、檢測他們見到他人的臉部表情時，會產生何種情緒的情緒認知能力。檢測結果顯示，越是能在一歲時形成安全型依戀關係的孩子，情緒認知能力越好。

此外，形成安全型依戀的孩子的專注力表現優異。反之，依戀關係不穩定的孩子會因為對依戀對象的不安情緒，而無法專注於課業。如果是混亂型依戀的孩子，甚至會出現完全無法專注於任何事的情況。

如果想順利形成依戀關係

能與孩子順利形成依戀關係的父母，具備哪些特徵呢？

✪細心了解孩子的狀態

首先，能與孩子順利形成依戀關係的，通常都是懂得細心了解孩子狀態的父母。看看那些好好吃飯、睡覺，然後在孩子想玩耍時，便能活力充沛地陪伴他們的父母。察覺孩子想玩什麼的父母，總是能專注著孩子並陪伴他們玩耍；興高采烈的孩子，時不時都呵呵大笑著。

不久後，孩子開始感到疲倦，只是，他們仍無法使用話語表達自己的狀態；因此，他們開始不理會父母，而細心的父母很快就能意識這點，然後抱起孩子，輕拍背部，哄他們入睡。然而，不細心的父母會在孩子開始東張西望時，強迫哄他們繼續玩。對此感到煩躁的孩子，於是開始放聲大哭。

細心與不細心的父母之間的差異，不會只有一次，而是會在一天之內反覆發生無數次。經年累月的累積，自然會對依戀關係造成差異；細心程度的不同，最終演變成不同的依戀關係。

✪ 給予孩子適當的回應

第二種，是懂得根據孩子要求而回應的父母。若只有細心察覺到孩子的狀態，卻毫無作為的話，同樣很難形成親子之間的依戀。即便在聽到哭聲後意識到孩子肚子餓了，父母卻因為各種理由放任他們哭喊；此時，持續哭喊的孩子就會因此承受極大的壓力，不但會阻礙依戀關係的形成，更會對孩子的神經系統發展產生負面影響。

在正常情況下，想必沒有父母會放任孩子一直哭喊。只是，當遇到了重度憂鬱症或酒精中毒等需要治療的父母時，孩子可能就會因為長時間不被理會的緣故，導致正常發育出現問題。

✪ 秉持一貫的態度

第三種，則是保持一貫態度的父母。當孩子要求父母一起玩耍時，總能始終如一地給予陪伴的父母，較易與孩子形成依戀。然而，如果父母本身的情緒起伏不定，就很難與孩子形成安全的依戀關係。

08

第一階段——學習使用話語表達情緒的方法

孩子在滿一歲左右，開始會說一些單字。隨著單字量增加，他們逐漸可以使用話語表達各式各樣的東西，而情緒便是其中之一。從前既不清楚情緒是什麼，也沒辦法如實表達的孩子，現在不僅能意識情緒，還能使用話語表達。當不知道自己的情緒是什麼時，安撫情緒會是相當困難的事。因此，如果想好好表達與控制情緒的話，首先必須認知「究竟是什麼情緒」。確實分辨情緒後，再賦予該種情緒適當的名稱。

為情緒命名

陪伴孩子一起分辨情緒，並進行「為情緒命名」的遊戲，是件很有幫助的事。說到「大笑的表情」時，便露出大笑的表情；說到「傷心的表情」，便露出傷心的表情。這樣的遊戲有助於孩子分辨情緒，以及學習為情緒命名。

善用繪有多樣表情的圖畫書，也是不錯的選擇。例如：親子一起進行尋找悲傷表情、大笑表情的活動，並為每個表情命名。

當孩子開始說話後，也會漸漸開始為了調節自己的情緒而使用語言。舉例來說，在嘗試控制想哭的情緒時，邊哭邊說著「停！停！」，即使無法按照嘴巴說的話調節情緒，但孩子已經努力嘗試了，因此大人只要以「○○忍住不哭了，好棒喔！」的方式稱讚他們即可。透過這樣的重複練習，孩子就能逐漸學會調節情緒的方法。

用說的，不要用丟的

開始走路後，有辦法獨立移動的孩子，對世界的好奇心也隨之爆發。在只要稍不留意就會瘋狂搗蛋的時期，好奇心大爆發的孩子與照顧者間，也開始展開無數的戰爭。

大人當然不可能也不可以放任孩子去做所有他們想做的事，像是危險的事就該即刻阻止才行。不過，經常不讓孩子做這件事、做那件事，站在他們的立場來說，難免就會開始發脾氣。再加上，這段時期的孩子尚未懂得透過話語流暢地表達主張，因此使用肢體語言表現的情況也會增加，像是躺在地上或是丟東西、打人。

從此時開始，必須讓孩子練習如何使用話語，斯文地表達情緒。首先，請父母閱讀孩子的心理。先察覺「○○生氣了」，然後配合孩子的語言程度，引導他們使用話語表達憤怒。如果是剛開始說話的孩子，「討厭」、「不」都是適當的詞彙；如果是能再多說一些話的孩子，便可以教導他們說「我生氣了」。

重複的教導，孩子自然就會在某天開始用說話代替丟東西表達憤怒。此時，請大力地稱讚孩子。

媽媽，唉唷？

社會化，始於共感能力，即使在仍不會說話的時期，也看得出孩子的共感能力；出生不到六個月的孩子，已經會跟著父母一起哭、一起笑。當孩子會說話後，同時也會開始使用話語表達共感能力。看見媽媽因為受傷而露出扭曲的表情時，孩子會靠近媽媽身邊，並且一臉擔憂地看著她，然後說出：「媽媽，唉唷？」

若想培養孩子的共感能力，以及孩子使用話語表達共感，父母得先使用話語表達，像是「○○生氣啦」、「○○心情很好喔」等方式。

請父母也使用話語表達自己的情緒，例如簡單地說句「媽媽心情很好」、「爸爸很幸福」即可。此時，最重要的是父母的話語與表情必須一致。共感能力，就從藉由表情、語調、說話內容等各種線索，閱讀他人的情緒開始。

若父母因為孩子不吃飯而生氣，但意識到自己似乎太常發脾氣，於是嘗試著忍著怒火。察覺到氣氛不太對勁的孩子問道：「爸爸、媽媽，生氣了？」此時，若強忍怒火的父母用怒氣沖沖的聲音、僵硬的表情大吼著：「我沒有在生氣！」搞不清父母到底是否在生氣的孩子，只能持續觀察著父母的臉色。

如果想要培養孩子的共感能力，父母必須讓自己的表情、聲音、語調一致。誠實告訴孩子「因為你不吃飯，所以爸爸、媽媽生氣了」，當然是最好的做法。如此一來，明白父母情緒的孩子也能藉此學會應對方法。

09 第二階段——分辨應該做的事與不應該做的事

如果說在此之前，是以教養方式建立自我調節能力基礎的時期，那麼從這段時期開始，重心便轉移到「由孩子自主透過社會生活」培養自我調節能力。他們必須善用自己學到的資訊，分辨自己現在應該做的事、不應該做的事。例如：懂得該排隊等待、不可以因為生氣就打同學、現在必須坐好看書、不可以吃零食等。

每個人都有一些用來形容自己的話，像是利用「我是誰？」、「我有什麼特徵？」、「我在做什麼？」之類的問題，大略介紹一下自己。可以透過「我是一名母親，也是一名女兒與妻子」說明自己在家中的位置，或是「我是個正直、懂得體諒他人的人」說明自己性格上的特徵，又或是以「我上個星期日與家人去了遊樂園」的方式，說明自己做過些什麼事。

所謂自我概念，指的是對「我」這個人的說明。隨著語言能力越來越好，孩子說明自己的能力與自我概念，也會隨之開始發達。

我是個「小聰明」

自稱是「愛哭鬼」的孩子與自稱是「小聰明」的孩子之間，存在極大的差異。以負面詞彙形容自己的孩子，擁有負面自我概念，通常自信、自尊都較為低落，且積極調節自我的意志也比較低；相反的，擁有正面自我概念的孩子通常也有高自信與高自尊，追求表現得更好的意志也較強。

擁有積極正面的自我概念，是自我調節的強烈動機。具備正面自我概念、以積極方式敘述自己的孩子，自然有利於培養自我調節能力。若想適當促進孩子的自我調節能力發展，就必須協助他們擁有積極、正面的自我概念。

對自我概念尚未鞏固的孩子而言，經常會受到周遭的影響。當父母說「你這個愛哭鬼，為什麼又在哭？」時，孩子會自然地形成「我是個愛哭的孩子」的負面自我概念；反之，當父母告訴孩子「我們家的小聰明，做得很好喔！」時，他們會因此產生積極、正面的自我概念，並且努力想要做得更好。

因此，**父母的話語相當重要**。

孩子做錯事時，父母的一句「你為什麼整天都是這副德性？」，就像是匕首一樣刺破孩子的自我概念。比起用這種說法，改以「我們家的小聰明一直都表現得很好啊，不過這次好像做錯囉！」會是更好的選擇。讓孩子明白父母責備的是做錯的事情，而非他們的人這點，才不會讓他們形成負面的自我概念。

「請給我餅乾，然後把糖果給朋友」

這段時期的孩子逐漸開始理解他人的立場，假設有個喜歡餅乾的孩子，與父母約定好「只要和朋友好好相處，爸媽就會給予獎勵」。仍不懂得分辨自己與他人的孩子，自然而然地認為朋友也和自己一樣喜歡餅乾。然而，隨著孩子的自我概念形成，他們會開始產生分辨、說明自己與他人的能力，逐漸明白自己與他人的喜好可能會不一樣，於是他們學會對父母說「請給我餅乾，然後把糖果給朋友」。

共感能力，可分為情緒共感能力與認知共感能力。情緒共感能力，是與生俱來的能力；不需要任何人的教導，就能在看見因痛得大哭的人時感覺疼痛，或是看見興高采烈的人時感覺開心。認知共感能力，指的是藉由思考去理解他人的立場，因此也可以透過經驗與訓練促進發展。

受歡迎的人通常除了情緒共感能力好之外，認知共感能力也很突出。若想培養出懂得考量、體諒他人心情的孩子，首先得給予孩子思考他人立場的機會。

可以說的話、想要說的話

「媽媽，那個老奶奶的身體有股味道。」與媽媽一起進入電梯的由敏說道。電梯內，還有一名住在社區同棟大樓的老奶奶與數名住戶。媽媽羞愧得漲紅了臉，低聲對由敏說：「你不該說這種話。」

老奶奶慈祥地笑著說：「老人家上了年紀之後，就會這樣啦。」

雖然老奶奶的寬宏大量讓彼此順利度過尷尬的瞬間，但媽媽不禁嘆了一口氣，心想：到底該拿這個不懂察言觀色的孩子怎麼辦才好？

在人潮眾多的街道上，擦身而過的路人手上的包包撞到了我的手臂。對方慌張地說「對不起」，而我回了句「沒關係」後，各自繼續向前行。就算有人覺得「有關係」，大部分也只會說句「沒關係」就算了。成熟的大人，理應懂得分辨「想說的話」與「該說的話」。

當孩子開始理解他人與自己的心理可能不一樣後，便該引導他們區分何謂想說的話與該說的話。

「你說那種話會讓老奶奶很傷心，所以下次就算有那樣的想法，也請你記得不該說出口。」

內心的箱子

只要改變想法，世界也會跟著改變。當有人做了傷害自己的事時，比起「這是看不起我嗎？」，不妨將這個想法改變成「對方一定有什麼苦衷吧？」，心情自然就能舒坦許多。與其憂慮「快考試了，落榜怎麼辦？」，將想法改變成「要擔心之後再擔心，今天就只做今天該做的事」，也能大幅提升溫習的專注度。藉由轉念來穩定情緒，是大人們每天都在做的事，但對孩子們來說，才正要開始而已。

智安是個膽小的孩子，總說著「感覺有鬼」的他，既沒辦法自己去上廁所，晚上也不敢關燈。我告訴智安，要他在內心打造一個箱子。只要有鬼一出現，就把那些鬼通通關進內心的箱子裡。

「那個箱子非常、非常堅固，所以一旦被關進去就絕對出不來了。」

一聽到我這麼說，對此感到十分有趣的智安立刻畫出自己內心的箱子，並且將所有妖魔鬼怪都關進那個箱子——單憑想像已能大幅減緩智安的恐懼。

隨著話語能力與想像力的成長，這段時期的孩子會開始練習藉由想像安撫心理，而**當話語與想像力得到善用時，自然就能培養自我調節能力**。

10

第三階段——自尊、道德與耐心

在小學時期必須具備的自我調節能力之中，最重要的應屬自尊、道德與耐心。自尊，將成為孩子未來即使經歷無法預測的事件與試煉時，也能保護好自己的力量；道德，不僅能拯救孩子免於受到誘惑與衝動的唆使，也會在協助他人或遵守規則等社會化層面，產生極大的影響；至於耐心，即是忍受艱難、無趣，並且克服這一切的力量，同時也是學習能力的根基。

身旁的人割傷了手指，不停冒出鮮血，臉部表情也因為痛苦而變得扭曲。目睹這一幕的我也像是自己被割傷手指般，嚇得直發抖。

人類是具有共感能力的動物，當身旁的人疼痛時，自己也會感受那份痛楚。

早在我們開始思考前，大腦便已自動產生反應。原因在於，大腦中名為「島葉」（insula）的部分自動活化了。

人類的道德腦

然而，當有人欺騙我們的時候，島葉也會變得活化。就像見到有人因手指被割傷而表現出痛苦模樣時，我們也會感到膽戰心驚一樣，當我們被某人欺騙時，大腦也會出現痛苦的反應。大腦會長時間記憶這種感覺，因此對欺騙過自己一次的人，我們的不悅情緒會持續很久。而一旦失去信用就很難再取得他人信任的原因，即是藏在大腦之中，人類的大腦是出於本能地討厭不誠實的人。

如果活在只有獨自一人的世界，大可不需要所謂的「道德」。更何況在我們身處的社會，誠實已是不可或缺的美德，這也是必須從小教育孩子「誠實」的原因。

不說謊、不偷竊的原因

孩子們不該說謊或偷竊的原因，在不同的年紀會有些變化；越是年幼，越會因為不想挨罵而選擇正確的行為。大約在四、五歲前，孩子只會根據外在行為判斷是非對錯。當詢問孩子「為了幫爸媽洗碗卻打破十個碟子的孩子，和因為玩笑嬉鬧打破一個碟子的孩子，哪個比較該被罵？」時，這段時期的孩子通常會回答「打破十個碟子的孩子比較該被罵」。原因在於，他們不在乎其中的原因為何，只聚焦於誰打破的碟子比較多。這段時期的孩子尚不懂得考量整件事是否基於良善的出發點，或是存在什麼苦衷等其他因素，僅是單純地認為做壞事就是該罵，如果沒有被罵的就不是壞事。

當道德標準停留在這個階段的孩子，想要擁有他人的物品時，可能會因為大人不在場就直接拿走物品。在他們的想法裡，只要不被發現、不被罵就好；甚至會認為只要被罵一次就會結束。假如過了小學高年級成為國中生後，道德標準依然停在這種程度的話，可就令人憂心了。

為什麼會成為肆無忌憚地做出這種行為的孩子呢？當孩子在成長過程之中接收的責備多於稱讚時，自尊感就會因而變得低落；自尊感低的孩子做正確行為的原因，往往不在於獲得稱讚或肯定，而是為了不想挨罵。因此，當身邊沒有會責罵他們的人，或是沒有被發現、被責罵了也沒什麼大不了時，孩子自然就會堂而皇之地說謊或偷竊。

自尊感，在培養道德感的自我調節能力時，扮演著相當重要的角色。自尊感低的孩子，將很難培養他們的自我調節能力。

即使沒人看見，也會做正確行為的孩子

小學孩子對自己的介紹，也就是在他們的自我概念中，包含了相當多樣的要素。孩子會以「我體育很好，但唱歌不好聽」的方式，說明自己的優、缺點同時存在。就像大人們也會使用「某人家的公寓有四十坪，但我家只有三十坪」的方式，與他人進行社會特徵的比較一樣。基於意識到他人看待自己的目光，

因而開始思考所謂的「評價」。假如過去只是單純地為了不想挨罵而不偷竊，現在則是因為在乎自己的評價而不偷竊。

隨著自我概念的擴展，理解他人的心也會越來越強烈，理性的共感能力也會隨之成長。因為猜想得到遺失東西的人會有多傷心，所以不會出現偷竊行為。

自尊感低的孩子會因為對自我的期待值偏低，而不願展望未來與設定目標。即使有了目標，也會因為對自己能「做得好」一事不抱任何期待，所以不肯努力實踐。**至於自尊感高的孩子，則會基於對自己的期待值偏高，設定與達成目標的動機也因此變得強烈。高自尊感對自我調節能力而言，無疑是如虎添翼。**

孩子們不該說謊或偷竊的原因，在不同年紀會有些變化；越是年幼，越會因不想挨罵而選擇正確的行為。這段時期的孩子尚不懂得考量整件事是否基於良善的出發點，或存在什麼苦衷等其他因素，僅是單純地認為做壞事就是該罵，如果沒有被罵的就不是壞事。

PART 2

孩子的自我調節能力練習

針對自我調節能力的三個階段，這裡從情緒、認知與行為方面，
挑出32個父母最常遇到的問題，
更列出「父母常見的錯誤」與「請這麼做」的說明，
提供方便依循的建議，讓親子達成有效溝通！

第四章

自我調節能力第一階段：情緒的誕生與調節練習

過了一歲後，孩子會出現兩個巨大轉變。

其一，是會開始使用「媽媽」、「媽咪」等簡單詞彙，藉由話語進行溝通；其二，是開始走路。

這兩件事，是發展階段明顯提升的重大轉折點。

所謂「話語」，指的是存在大腦外世界的事物，或象徵人類大腦內的實際形象。大腦會藉由長在樹上的蘋果，或超市置物架上的某樣東西寫著「蘋果」二字，浮現出蘋果的模樣。即便是不同的人，也能透過相同的詞彙，促使大腦出現相同的形象，使得溝通行為得以順利進行。

開始會走路的孩子，現在可以直接觸摸、探索那以往只能躺著看、邊爬邊看的世界了。想做的事、想去的地方、想摸的東西，實在多不勝數，孩子的自主性與獨立性也隨之增長。於是，自然會與發號施令的父母產生摩擦。由於孩子還不太會說話，因此也不可能進行流暢的溝通，免不了會透過耍賴與鬧脾氣的方式表達。

於是，父母開始進退兩難。如果什麼都不讓孩子做的話，便無法協助發展他們的自主性與獨立性；如果讓孩子做的話，又擔心會造成安全疑慮或養成壞習慣。自幼年時期起，孩子即會透過父母的容許、限制，以及在這兩者間取得的適度平衡，飛快地發展自我調節能力。

01 難於入睡時

睡眠，是極受環境影響的一件事。除了太熱或太冷會影響睡眠，太吵、太亮等，也會讓人難以入睡。孩子對環境影響睡眠的程度更是敏感，而家庭生活模式產生的影響程度尤深。

當大人們坐在客廳大聲聊天、看電視時，待在房內的孩子根本不可能睡得著；若父母總是在孩子的睡覺時間返家，喧擾的氛圍也會讓孩子錯過睡眠時間……孩子無法入眠的原因，大部分都歸因於環境。

我曾遇過父母因孩子睡不著而前來就診的情況，當時，我首先確認的是孩子的睡覺環境：與什麼人睡在一起、在什麼地方睡覺、幾點睡覺、父母在孩子不想睡時會怎麼做等，仔細地確認所有問題。

昨天和父母一起睡，今天卻要求孩子和阿嬤一起睡；昨天放任孩子玩到很晚才睡，今天卻要求他們早點上床睡覺……孩子自然很難輕易入眠。經常轉換的環境與父母前後不一的行為，皆會對孩子睡眠習慣造成妨礙。為了讓孩子輕易入眠，必須打造適當的環境才行。

創造適合睡覺的環境之緣由

如果能規律地在固定時間、固定地點睡覺，不僅能讓孩子輕鬆入眠，也能讓他們學習管理時間的方法。**孩子自然可以藉此學會預測應該玩到什麼時候、幾點應該上床睡覺的方法。而懂得預測未來與管理自我日常，是自我調節能力相當重要的部分。**

父母常見的錯誤

❖配合大人的時程調整孩子的睡眠時間

當父母本身仍清醒地在玩樂或工作時，卻一味要求孩子睡覺，孩子自然無法輕易入眠。此外，父母在自己累壞了的日子要求孩子早點睡，卻又在自己想通宵玩樂的日子，放任孩子跟著玩到很晚，也會造成孩子難以在固定時間入睡。

❖請不要突然要求孩子睡覺

當孩子正玩得興高采烈之際，父母卻因為自己疲累而突然要求他們睡覺，孩子根本無法輕易入眠。如果父母不清楚界定應該何時讓孩子睡覺，孩子也會因此感到相當不安。

❖請不要經常變換睡覺的地方

當睡覺的地方或哄孩子睡覺的人經常改變時，他們便會難以入睡。不安的孩子對環境的變化尤其敏感，一旦到了陌生環境，會更難睡得著。

❖不要因為孩子說「不想睡」就責備他們

請勿因為孩子睡不著便予以責備或嚇阻，當孩子感覺不安與恐懼時，反而會更難入睡。

請這麼做

❖製造舒適的睡眠環境

昏暗、安靜、涼爽、熟悉的地方為佳。請為孩子打造一個能在固定時間、固定地方與固定對象一起入睡的環境。

❖讓孩子意識「睡眠」這件事

請協助孩子的大腦養成「知道睡覺時間到了」的習慣。一到睡覺時間，即為孩子做出調暗燈光、刷牙、換睡衣等例行動作。透過諸如此類的行為，意識睡眠一事，大腦就會自然而然地認知「睡覺時間到了」。擁有睡眠意識，不僅能安撫孩子的不安，也能幫助他們輕鬆入眠。

❖孩子特別睡不著時，請確認他們是否身體不適

生病的孩子自然睡不著。就算不是實際感到疼痛，但當身體某些地方發炎時，也會很難入眠。如果孩子特別睡不著且不停鬧脾氣時，請務必檢視他們的身體是否不舒服。

一到睡覺時間，即為孩子做出調暗燈光、刷牙、換睡衣等例行動作。透過諸如此類的行為意識睡眠一事，大腦就會自然而然地認知「睡覺時間到了」。擁有睡眠意識，不僅能安撫孩子的不安，也能幫助他們輕鬆入眠。

02 過度固執時

大人懂得思考自己的情緒處於何種狀態，且無論置身什麼情況或面對什麼對象，皆能適度調節自我的行為與情緒。然而，孩子卻不太明白自己的心理，也無法有條理地表達自己想要什麼。

因此，當孩子蠻不講理地鬧脾氣或表現得過度固執時，對此感到茫然的父母往往不知如何應對；尤其是當孩子在人潮眾多或須保持安靜之處鬧彆扭時，確實會令人捏一把冷汗。不少父母都為了究竟該優先解決孩子的不適，或使用嚴厲的態度教導他們忍耐的方法，而陷入苦惱。

為什麼會這麼固執？

✪ 氣質

有些孩子的固執是與生俱來的天性，這種孩子通常也比較敏感與挑剔。在相同的情況時，無法輕鬆適應變化與情緒起伏較大的他們，表達情緒的方式往往比一般的孩子來得激烈。

✪ 自我意識

當出現自己想要的東西或發生討厭的事情時，孩子們就會變得格外固執——固執，是正常發展的證據之一。等到邁入可使用話語協調的時期，固執的情況就會逐漸趨緩。

✪ 不安

如果處於不安的情況，孩子便很難調節情緒。無論是進入陌生環境或是身體不適，都有可能加劇固執的表現。當自我調節不安的能力越好，類似的情況也會變得越少。

父母常見的錯誤

❖試圖透過冗長的解釋說服孩子

當父母說不可以，孩子卻執意要做某件事時，就得想辦法加以說服了。假如孩子不肯輕易屈服，父母的解釋就會逐漸變得冗長，而孩子會因此認為存在商量的空間，選擇繼續固執己見。這段過程，只會讓雙方的情緒越來越高漲。因為情緒激動，音量也開始提高，並演變成情緒化的對應方式。就算孩子願意放下固執，結束這一切後，卻免不了傷害親子感情；倘若選擇順從孩子的固執、結束這回合，孩子又會認為只要自己一直堅持就能解決問題，可能因此強化下次鬧脾氣的程度。

❖ 全盤否定

面對持續鬧彆扭的孩子，父母也會開始情緒激動地責備他們。於是，說出全盤否定的「你為什麼老是這樣？」之類的話語。嘗試讓孩子放下固執的同時，卻也傷害了他們的自尊。此時，應避免一味責備孩子，而是要聚焦在孩子鬧脾氣的情況。

❖ 恐嚇孩子

有些父母會使用像是「再這樣耍脾氣就把你丟掉」、「我以後不帶你來超市了」之類的話恐嚇孩子。但當孩子的不安感隨之增加，只會讓他們下次變得更加固執。

❖ 與孩子談判

例如使用「只要聽爸爸的話，就買冰淇淋給你吃」等條件進行談判。短時間內確實能讓孩子放下固執，並且聽從父母的話——只是，也會讓孩子開始期待下一次的談判。當放下固執的代價是期待回報時，就會讓父母安撫孩子的情緒成為加倍困難、複雜的過程。

❖ 父母忍不住大發雷霆

父母有時會因為在氣頭上而咆哮、丟東西或執行體罰。孩子常跟著父母有樣學樣，下次就會模仿父母曾表現過的模樣，用相同的方式發脾氣。

請這麼做

❖ 盡快決定

請盡速決定究竟是否順從孩子的固執。假如會對孩子的安全造成威脅，或者是過去曾約定好「不可以」的事，請立刻拒絕。相反的，若經過判斷，順從孩子執意要做的事也不會產生什麼大問題時，就請盡快同意。

❖防患未然

不免會遇上孩子太過執意要做某件事時，實在難以安撫的情況。假如經常重複發生類似的情況，事先避免會是比較好的選擇。舉例來說，只要一到賣場玩具區，孩子就會又吵又鬧，甚至躺在地上發脾氣的話，索性避開玩具區會是個不錯的方法。試著模擬孩子鬧彆扭的情況，便能先一步掌握應該避免哪些事。

❖事先告知

即使是大人，有時也很難接受突如其來的變化。面對孩子感覺有壓力的情況，或可能使他們鬧脾氣的情況時，請事先告知並與他們進行約定。舉例來說，如果必須去一趟牙科，不妨在幾天前就先告知孩子要前往牙科的事；如果必須進行治療，也可以先和孩子約定療程結束後會給他們喜歡的獎賞。假如孩子不安的情況相當嚴重，可嘗試藉由角色扮演等遊戲方式，事先讓他們練習、適應特定情境。

❖使用簡短、果決的話語

說明越冗長，越會讓孩子覺得有談判的空間而不願意接受。如果決定拒絕孩子的請求，請使用簡短、果決的話語，像是「爸爸／媽媽有說過這個不可以吧？絕對不可以！」

❖始終如一的態度是關鍵

如果父母的態度前後不一致，一下子順從孩子的要求，一下子拒絕孩子的要求，他們就會持續鬧彆扭直到父母答應為止。因此，請保持始終如一的態度。

❖給予稱讚

當孩子放下固執時，請務必給予稱讚。遵守約定要稱讚，比之前進步也要稱讚。稱讚，既是最好的獎賞，也會成為培養孩子自我調節能力的正面動機。

02 對喜愛的東西過度執著時

你家孩子也有放不下的小毯子嗎？枕頭也好，玩偶也好，總有些孩子格外執著的物品。這些「依戀物品」，無疑是能安撫孩子不安情緒的可愛傢伙。同時，也可視作孩子正常發育的過程之一。

當孩子與主要照顧者形成依戀的十個月後，會開始出現分離焦慮的情況。此時，孩子會認為「眼前看不見的存在」就是完全消失了。一旦看不見父母就會因此以為父母消失的孩子，於是變得強烈不安。這種時候，依戀物品就是父母的最佳替代品。

依戀物品的命運

明白「父母不在視線範圍內不等於消失，之後會再次出現」一事的年齡，大約是三歲。進入這段時期後，孩子開始願意離開父母身邊，對依戀物品的執念也幾乎消失。然而，萬一遇上與主要照顧者的依戀關係形成得不穩固，導致缺乏對「主要照顧者會回來」一事的信念，或是天生氣質易於不安、家庭關係不睦、父母罹患憂鬱症、照顧者經常變動或數量過多等情況時，因此感到焦慮的孩子即使過了三歲以後，對依戀物品的執著程度依然不減。

父母常見的錯誤

❖ 藏匿或丟棄依戀物品

當孩子越不安，對依戀物品的執念也會越強烈。因此，若強制搶走或偷偷丟掉依戀物品的話，只是更加刺激孩子不安的情緒。雖然沒有依戀物品就不會出現執著的行為，但孩子可能反而改以其他形式表達不安，像是耍賴、表現不耐煩、格外敏感等。此外，也可能讓執著或鬧脾氣的程度漸趨嚴重，甚至出現無法入睡的情況。嚴重時，會出現分離焦慮症的徵狀。

請這麼做

❖ 收好依戀物品

由於執著於依戀物品一事是正常的發展過程，因此請協助將依戀物品隨時擺在孩子身邊。當孩子建立好「就算父母不在視線範圍內，之後也會再回來」的信念，並且強化調節不安的自我調節能力後，對依戀物品的執念便會自然消失。孩子主動決定要丟棄依戀物品時，即是讓依戀物品消失的最好時機。

❖ 確認是否存在任何讓孩子感到不安的事

對依戀物品的執著之所以如此強烈、長久，意味存在著導致孩子持續如此焦慮不安的某種東西。請確認是否源於父母曾悄悄消失，或是孩子膽怯、家庭關係不睦、父母罹患憂鬱症，以及照顧者或環境經常改變等因素。

❖如果需要清理，請向孩子好好說明

有時，依戀物品也需要稍作清理。請試著配合孩子的理解能力，使用「太髒的話，可是會生病的喔！就像秀賢也會洗澡吧？這個小傢伙也要洗得乾乾淨淨的，才不會生病啊！」等方式，向他們仔細說明。

清理完畢後，請放在孩子能輕易看得見的地方晾乾。將依戀物品的位置清楚地告訴孩子，並且讓他們知道「依戀物品必須完全晾乾才會變得健康」。晾乾的期間，不妨讓孩子親自觸摸、確認依戀物品的乾燥程度。

❖將依戀物品忘在家中時，請盡量讓孩子感到安心

外出時，偶爾會將依戀物品忘在家中。當孩子因為找不到依戀物品而哭鬧時，請不要對他們發火，而是試著理解孩子不安的情緒，並且使用「它好好地

待在家裡。等一下一回家，我們馬上就去看看它」等話語，使他們感到安心。透過持續給予關心，協助孩子克服不安的情緒，並大力稱讚願意努力克服的他們，這樣的過程，便能培養孩子自主控制不安的自我調節能力。

對依戀物品的執著之所以如此強烈、長久，意味存在著導致孩子持續如此焦慮不安的某種東西。請確認是否源於父母曾悄悄消失，或是孩子膽怯、家庭關係不睦、父母罹患憂鬱症，以及照顧者或環境經常改變等因素。

04 容易生氣或鬧脾氣時

動不動就要鬧脾氣的孩子，很有可能是藉由憤怒、不耐煩的方式，表達不安的情緒。只是，孩子並不清楚何謂「不安」，即便是已經開始說話的孩子，也不太明白如何描述自己的情緒，所以唯有透過各式各樣的行為表達出來。假如大人們一直無法察覺這件事，那麼孩子也不會知道自己為什麼不安，以及該如何緩解。

因此，父母必須先了解孩子在焦慮不安時會出現的各種徵狀。當出現以下的行為時，應確認一下孩子是否正感到不安。

- 頻繁耍賴、表現不耐煩
- 經常哭

- 經常鬧脾氣
- 不想與父母分離
- 膽小
- 無法沉睡

為什麼感到不安？

適當的不安是再正常不過的事。無畏無懼的孩子，有時反而更危險。不過，當出現過度的不安時，可就得試著找出原因了。

有些情況是因為天生氣質使然，由於氣質會受到基因影響，所以家庭中通常也存在容易感到不安或不安程度偏高的成員。當天生容易不安的孩子遇上不安的父母時，有可能因此產生加乘作用，須格外留意。

照顧者經常更動、周圍環境過度混亂與嘈雜、經常改變住處、任意更換同居人等環境因素，皆有可能引起孩子的不安。

無論是父母罹患憂鬱症或教養態度前後不一致的情況，都會使孩子感到不安。以「再繼續這樣就把你丟掉」等嚇唬孩子的話語，也會刺激他們的不安情緒。過度保護或放縱孩子的教養方式，同樣會對孩子的不安情緒造成負面影響。該限制的部分，確實提出限制；不該限制的部分，則盡量給予孩子自由的教養方式，才是最適當的。

父母常見的錯誤

❖ 嚇唬孩子

請不要以威嚇或使用「你再繼續這樣，爸爸／媽媽就要走了」之類的話語壓迫表現不耐煩或鬧脾氣的孩子。孩子還不懂父母的「口是心非」。當父母做出這種行為時，只會讓原本已經夠不安的孩子更加焦慮。

❖父母的情緒變化劇烈

如果時常隨著父母的情緒改變規則，無法判別情況的孩子會開始感到混亂。不安，是對「未來」一事而產生的情緒，父母維持始終如一的態度，不僅可減少孩子的不安，同時也對控制情緒扮演著相當重要的角色。

請這麼做

❖請試著找出原因

找出孩子不安的原因，並進行移除或修正，是最基本的解決對策。如同前文所示，孩子不安的原因五花八門，因此請先找出確切的原因。

❖如果不安的情緒是天生氣質使然，請鍥而不捨地努力

如果孩子的不安源於天生氣質，請持續提供溫暖、穩定的環境，或多或少都

能改變他們的情況。儘管不可能在一朝一夕之間改變，但若能在移除不安因素的同時，持續給予孩子可預測的未來，就可以減少孩子的不安。

❖為孩子打造可預測的環境

建立像是睡眠儀式之類的活動，會是不錯的做法。當環境變動時，請事先向孩子說明，協助他們克服不安的情緒。舉例來說，如果父母需要暫時離開孩子，外出一段時間，則必須先重複向他們說明原因，並多加安撫。如果是有同齡朋友要與孩子一起玩時，可預先向孩子解釋如何與朋友分享玩具一事；因為有些孩子會不安於玩具可能被朋友搶走，無法與他人一起融洽地遊戲，甚至出現攻擊行為。重複累積這類克服不安情況的經驗後，便能提升自我調節能力。

❖藉由遊戲的方式，控制不安情緒

如果平時能藉由遊戲進行預演，那麼在面對實際狀況時，便能較得心應手地處理不安情緒。哄騙因害怕醫院而不願意前往的孩子，說是要去吃冰淇淋或咖啡館，結果卻偷偷將他們帶往醫院，只會強化孩子對醫院的反感。不妨事先與孩子重複玩幾次醫院遊戲，並模擬在醫院會經歷的活動。接著，在過程中向孩子解釋打針的原因，藉此聽聽究竟是哪些部分令他們感到不安，以及哪些部分沒有他們想像中那麼可怕等，可減少孩子對醫院的恐懼心理。

❖ 樹立模範

孩子會看著父母的應對方式，有樣學樣。當家裡出現蟑螂時，若父母的表現是尖叫、發抖的話，孩子也會藉此學到對蟑螂產生類似的情緒；當準備施打預防針的前夕，父母顯露十分膽怯的表情時，孩子也會變得加倍恐懼。如果父母總是保持沉著的應對態度，孩子自然會開始仿效。

❖ 教導孩子使用話語減緩不安情緒的策略

隨著語言與認知能力的發展，孩子平息不安情緒的力量也會越來越強。此時，若父母能積極教導孩子減緩不安的策略，也會有所助益。舉例來說，當孩子因害怕而嚎啕大哭時，不妨使用溫柔的語氣對他們說：「你很害怕啊？我們試著把哭聲通通收到哭哭口袋裡吧！」透過語言激發想像力，進行減緩不安情緒的練習。

❖ 相愛關係的重要性

無論父母再怎麼努力，許多時候仍會因親子沒有形成依戀關係而徒勞無功。不僅是在孩子感到不安的時刻，平時便保持溫暖的相愛關係，對培養孩子的自我調節能力有很大的幫助。

05 把玩危險物品時

孩子開始走路、說話，無疑是打開了全新的世界。原本只能躺著、坐著觀看的世界，現在終於可以親身踏足與觸摸了。孩子帶著爆炸性成長的好奇心，與可以獨立探索的雙腳、自由使用的雙手，開始四處遊歷和探索。眨眼間，孩子也開始搗蛋，他們不知道尖銳、易碎的物品有多麼危險，甚至還會爬上高處、跳進水裡。

自主性？安全性？

沉浸於滿滿疼愛的孩子，只要一睜開眼，就是準備展開歷險的時刻。即使在父母眼中早已是理所當然的東西，對孩子而言，卻都是令人興奮不已的探索對象。孩子的大腦會透過自由的探險，以驚人的速度發展，於是孩子會開始產生「我要自己來」、「自己做好像也可以」的自主性，並與自信感建立連結。不過，站在醫生的立場，雖然孩子的好奇心與反應能力已發展完成，但在不明白何謂危險的這段時期，其實也是最容易因意外而受傷的時期。

因此，父母陷入了進退兩難的困境。放手不管，擔心孩子會受傷；限制孩子，又怕阻礙他們的自主性發展。如何在不讓孩子受傷的同時，平衡自主性發展，成為了父母最重要的課題。

父母常見的錯誤

❖ 太過頻繁地說「不可以」這句話

不安的父母、情緒控制得不好的父母，幾乎整天都把「不可以」這句話掛在嘴邊。當孩子想自己把水倒進杯子時，擔心會打翻的父母邊出手制止，邊說著

「不可以」；甚至訓斥孩子「你在幹嘛？為什麼弄得亂七八糟！」然而，孩子玩弄的東西不過是塑膠或不鏽鋼製品，根本不會造成多大的危險。無條件的限制，使得孩子無法盡情探索世界，孩子的自主性也會因此難以發展。

請這麼做

❖稍微思考一下情況是否真的危險

制止孩子前，請先冷靜地想一想。這件事真的危險嗎？放任不管的話，孩子可能受傷嗎？假如，沒有易碎物品或會吞下肚的東西，不妨放手讓孩子盡情探索吧！

❖將危險物品置於孩子無法觸及之處

等到孩子已經拿著危險物品時，才要把他們手上的東西搶走或移除，將是件非常消耗能量的事；再加上，說不定孩子早在大人出手制止前就受傷了——因此，防患未然才是首要任務。建議移除所有易碎物、尖銳物、容易吞嚥的小東西……等，可能造成受傷的東西。另外，請蓋起牆面的插座，並使用柔軟的材質包覆家具的邊邊角角，樓梯的部分，請加裝安全門欄。由於孩子會爬向高處，所以若將東西堆得太高，可能因此傾倒造成孩子受傷，務必格外留意。哪怕只是短時間，也絕對不可以讓孩子獨自靠近水邊或進入水中——這些都是強調千百次也不為過的安全問題。

❖ 當孩子把玩危險物品時，先轉移孩子的注意力

再怎麼小心，有時還是得面對孩子把玩我們來不及事先移除的危險物品。這種時候，比起直接動手搶奪物品，先嘗試轉移孩子的注意力，並引導他們主動放下手中的東西，會是比較好的選擇。舉例來說，當孩子拿著玻璃杯時，大人可以拿著繪有圖畫的塑膠杯給孩子，然後利用像是「你看！這裡有狗狗耶！」的話語，引起孩子的注意，讓他們放下手中的玻璃杯，轉而把手伸向塑膠杯。

06 一生氣就會出現暴力傾向時

孩子很容易就會哭、發脾氣，無論是在必須做他們討厭的事時，或是無法如願時，都會大發雷霆。出現憤怒的情緒這件事本身沒有問題，問題在於表達憤怒的方法。大人們必須協助孩子，使用話語表達他們的憤怒。如此一來，才能藉此安撫情緒，同時培養使用話語、有條理地傳達情緒的自我調節能力。

教導孩子使用話語表達自己的原因

以行為表達情緒，有時可能造成危險。因為憤怒而丟擲物品或打人的行為，不僅會傷害他人，也會破壞物品。教導孩子無論多麼憤怒，都不該使用行為表達情緒的重要原因，即是為了安全考量。

行為是一瞬間的事，也不需要任何耐心。只是，若想以話語表達，就得先忍耐與思考。如此一來，才能順利向他人表達情緒，並獲得想要的東西。

父母常見的錯誤

❖在情緒下產生錯誤行為

明明清楚教過孩子「絕對不可以丟東西」，父母卻在自己生氣時亂丟東西，那麼孩子會對於何謂正確的行為感到混亂。假如父母告訴孩子「不可以因為生氣就打同學」，自己卻動手打孩子的話，孩子也會因此無從判斷究竟什麼時候可以打人、什麼時候不可以打人（況且也不該有任何時候可以動手打人）——孩子會在無意識中模仿父母的行為。

❖ 認為只要將孩子大罵一頓就能改正一切

有些父母會有「今天非得好好教訓他一頓，改掉這個壞習慣才行」的想法；但是，無論被多麼嚴厲地教訓過，下次還會再犯同樣錯誤的，才是「孩子」。小孩，是種不停重複犯錯、改正，又再犯錯、改正，然後從中漸漸學習的生物。過度的斥責，反而會造成陰影，甚至成為孩子精神上的創傷。

請這麼做

❖ 使用話語表達情緒

與其說一百次，也比不上父母實際以行動做給孩子看，來得有效百倍。孩子忘記與父母約好「不可以在房間玩球」，結果玩到一半卻不小心打破了花瓶。孩子相當清楚自己做錯事了。即使對著畏縮的孩子憤怒咆哮，也不可能讓花瓶恢復原狀，因此，倒不如藉機向孩子展現如何健康地表達憤怒的方法。

「我們不是說好不可以在房間玩球嗎？因為你還是在房間玩球了，所以才會打破花瓶。你覺得爸爸／媽媽的心情怎麼樣？爸爸／媽媽現在很生氣。」

此時，請以壓低的音量與沒有任何笑容的表情，述說這件事。孩子會透過這次的失誤，學會如何在憤怒時表達自己的情緒。

❖具體說明

即便告訴孩子「用說的」，其實他們也不知道該說什麼、該怎麼說。因此，父母請先使用話語表達孩子的情緒。「因為知煥常常捉弄賢洙，所以賢洙生氣了，對嗎？」然後配合孩子的語言能力程度，向他們說明如何具體使用話語表達憤怒，像是「生氣的話，可以說『我生氣了』」等方式。

當孩子使用話語表達壞情緒時，反倒令某些父母感到不知所措，甚至擔心他們長大後仍像這樣隨時隨性表達自己的心情，說不定會變成無禮的孩子。然而，使用行為表達憤怒才更有問題。表達方式會隨著孩子逐漸長大而變得圓滑，而且孩子也會在長大後慢慢熟悉選擇遣詞用字。因此，一開始請先教導孩子使用話語，而非行為表達情緒的方法。

❖ 教導孩子如何使用其他方法表達憤怒

有些孩子的性格是真的非得藉由丟東西、踢東西等行為，才能表達自己的情緒。萬一不允許他們這麼做，甚至還會出現用頭撞牆等其他危險行為。如果是一定要用行為表達憤怒的孩子，請嘗試協助他們以不危險的行為表達。

舉例來說，事先訂好「生氣時，可以把布娃娃丟往沙發之類的安全地方」的規則。這麼做，與隨手拿起任何東西亂丟的行為，存在極大的差異。如此一來，無論孩子當下有多麼憤怒，也得先保持清醒的思緒找到約定好的物件，然後丟往指定的地方。漸漸地，便能培養孩子包含耐心在內的自我調節能力。

❖ 請重複告知

請試著想一想那些反覆經歷減肥失敗的大人、戒菸或戒酒失敗的大人、三天捕魚兩天曬網的大人……就算是大人，不也很難立刻改正習慣嗎？培養耐心，絕對不是一、二天的事。使用話語表達情緒的能力，自然也不可能一次就養成。倘若已充分告知，但孩子依然重複同樣的行為時，也不需要為此感到失望或挫折。只要耐心地重複教導，孩子的自我調節能力自然就會增長，行為也會慢慢改變。

07 不小心大、小便時

新生兒時期的孩子，肚子飢餓會哭，感覺太冷或太熱也會哭。在學會分辨來自身體的各種信號前，必須先依靠父母長時間的照顧。當孩子因為尿布濕透而大哭時，只要為他們更換新尿布，孩子就會懂得分辨濕尿布的不適感，與鬆軟乾尿布的清爽感。隨著孩子的神經系統越趨成熟，他們自然能分辨急著要大、小便的感覺，與實際大、小便的感覺。於是，在孩子前往固定的地方（也就是廁所）的期間，他們會懂得調節自己的括約肌……漸漸地，孩子便順利培養了自動去廁所大、小便的能力。

然而，在幼兒園或小學，依然可以經常見到不小心大、小便的孩子。這種時候，確實會讓以為已成功訓練孩子如廁的父母，感到有些驚慌。

將不小心大、小便一事，視為培養自我調節能力的契機

即使是懂得去廁所大、小便的孩子，其自理大、小便的能力也無法百分百成熟。換作是成人，就算在感覺自己想要大、小便時發現附近沒有廁所，也可以稍微忍耐一段時間。只是，大部分的孩子很難達到成人的忍耐程度。

無論再怎麼深信自己已成功訓練孩子自主如廁，父母實際還是要按照孩子的情況，持續進行訓練。自主大、小便，是培養孩子學會控制自己身體的過程。父母不該盲從他人的發展速度，而是必須檢視孩子是否已經準備充分了，再循序漸進地協助他們培養自我調節能力。

父母常見的錯誤

❖ 過於著急

對身體的自我調節能力，不是要求孩子靠意志力就能立刻培養出來的東西。

有些事，其實可以隨著年紀增長自然解決，不需要過度嚴厲地勉強孩子。強迫身體尚未準備充足的孩子進行排便訓練，只會讓孩子感到挫折，並且失去培養自我調節能力的動力。

❖ 責罵孩子

孩子本身也很討厭不小心大、小便一事，他們也想像個大人一樣完美地自主大、小便。同時，當然也很害怕會因此成為朋友們的笑柄。只是，在沒有準備好的情況下，失誤的機率自然比較高，所以才更不應該責備他們的不小心。當孩子感覺挫折時，自信也會隨之消失。

看見孩子大、小便時，請不要給予嫌惡的反應。如果父母總是以「天啊！好臭！」的方式表現出嫌惡的模樣，孩子可能會因此覺得父母是在嫌棄自己。

請這麼做

❖當孩子努力忍耐時，請給予適當反應

對孩子來說，忍耐大、小便是相當困難的事，可能會讓他們滿臉漲紅、表情扭曲。除此之外，有時甚至會出現玩到一半突然變得扭捏，或是躲在角落等行為。看見孩子不吵鬧，並且努力忍耐的模樣時，請給予他們適當的稱讚。

❖與孩子一起進行排便訓練

假如父母在排便訓練的過程中，僅是一味按照自己單方面的進度，只會因此誘發孩子的反抗心理。請讓孩子一起參與所有排便訓練的細節，試著藉由詢問「廁所有點遠，你可以稍微忍耐一下嗎？」，表達對孩子自我意識的尊重。

❖協助孩子好好善後

善後，指的是結束後的處理。若未清潔乾淨就離開廁所，不僅會讓穢物沾得到處都是，也會散發異味。請指導孩子進行善後，並告知他們記得洗手。

父母的自我調節能力也需要培養

教養孩子，是一項極大的福報，孩子無疑是快樂與幸福的泉源；只是，也沒有什麼比教養孩子來得更複雜、艱辛的事了。為了善盡教養職責，父母本身的自我調節能力也相當重要。

父母必須培養自我調節能力的原因

✪ 孩子會有樣學樣

如果父母要求孩子不可以丟東西，但當自己生氣時卻會亂丟東西的話，孩子學到的會是什麼？孩子仿效的不是父母的話，而是父母的行為。孩子，是父母的鏡子。假設對孩子為什麼會出現某種行為感到好奇的話，父母不妨先看一看自己的行為。許多時候，孩子都會在不知不覺間，依樣畫葫蘆地模仿父母做過的行為。

因此，若想培養孩子的自我調節能力，父母必須先培養好自己的自我調節能力。

✪態度始終如一的教養方針

父母要做的事太多了。一下子要餵孩子吃飯，一下子要幫孩子穿衣服，一下子要哄孩子睡覺，一下子又得教育孩子……同時還要兼顧生計、職場，以及自身與其他家庭成員。如果想順利解決這些數不盡的事，自我調節能力更是不可或缺——清楚某件事為何做、如何做，事情太多時該怎麼決定優先順序，以及適當採取時而果斷，時而彈性的應對。此外，也得照顧好自己的情緒，即使經歷失敗也不要因此感到挫敗，學會在撫慰自己的同時保持勇氣。

想要搞定這一切，父母本身得先具備自我效能。擁有自我效能的父母，懂得實踐始終如一的教養；沒有自我效能的父母，很容易就會動搖。面對孩子做出相同行為時，前一天明明允許他們這麼做，事後想一想覺得不太對勁，於是隔一天又不允許他們這麼做……如此一來，將很難培養孩子的自我調節能力。唯有對教養孩子充滿信心、具備自我效能的父母，才能好好培養孩子的自我調節能力。

✪培養解決問題的能力

教養，是每天都必須與新問題奮戰之事。在解決問題的過程中，十之八九都得經歷一次又一次的錯誤嘗試。如果無法從錯誤中學習，錯誤勢必會重複發生。做錯不是問題，問題是沒有在錯誤中學會某些事。控制情緒並解決問題後，再從失敗經驗中學習的能力，同樣也是奠基於自我調節能力。期望自己能成為好的父母，首先必須培養自我調節能力，進而開發解決問題的能力。

培養父母自我調節能力的方法

✪設定目標

發生了一件事後，如何看待這件事與如何行動，其實存在許多選擇。首先，必須設定好目標後，才能執行適合的行動。舉例來說，吃完晚餐後、整理餐桌時，孩子把果汁灑在父母珍愛的衣服上；一見到父母的表情，孩子立刻知道自己做錯事了。面對一臉驚慌的孩子，父母有以下幾種選擇：

- 為了避免留下污漬，趕快先把衣服洗一遍。
- 教訓孩子「不可以把果汁灑在衣服上！」。
- 安撫嚇壞的孩子。
- 一邊生氣，一邊對孩子大吼：「你到底在幹嘛？」

除此之外，當然還有很多種選項。重視衣服的父母，可以趕快先洗一次衣服；重視孩子心理情緒的父母，會先安撫驚嚇的孩子。太生氣的話，可能對著孩子咆哮；想要教導孩子的話，則可藉機機會教育。無論最終決定要做哪種行為，都是當下一瞬間的選擇，而且大部分沒有正確答案。只是，如果在沒有控制好情緒的情況下，漫無目標地做出選擇，便會成為問題。為了培養父母本身的自我調節能力，必須養成時刻為自己的行為設定目標的習慣。

✪檢視自己的行為

設定好目標後，必須反思、檢視該行為是否恰當。舉例來說，設定好「為了避免留下污漬，趕快先把衣服洗一遍」目標後，實際卻可能是「一邊生氣，一邊對孩子大吼『你到底在幹嘛？』」，或是對著已嚎啕大哭的孩子破口大罵——這些就是不符合目標的行為。假如一開始設定了兩種以上的目標，就該確認好適當行為的順序，或是究竟該不該同時執行不同目標。在「為了避免留下污漬，趕快先把衣服洗一遍」的當下，也可以同時使用溫和的語氣安撫孩子。

✪實踐

倘若設定了目標卻毫無作為的話，顯然不可能達成目標。雖然做些與目標完全無關的行為是個問題，但什麼都不做同樣也是個問題。如果設定的目標是希望孩子能均衡攝取多樣食物，實際就得準備足夠的副食品。擬定好目標，也必須決定如何實踐才行。

✪ 評價

針對自己是否做出符合目標的行為，並且如願達成期望，而進行評價，如檢視是否做出與目標毫無關聯的不恰當行為、是否僅有設定目標卻沒有實踐任何事、是否照著計畫實行卻未達成目標等。假如沒有成功達成目標，不妨試著找一找原因，像是透過「本來想準備多樣的副食品，卻沒有做過任何努力」的方式釐清緣由。根據評價的結果，可以繼續維持相同目標，亦可以修改目標。藉由新目標、新實踐計畫，重新挑戰一次。如果對「準備多樣食物」這件事感到毫無頭緒的話，可嘗試以「使用加入紅蘿蔔泥的食物餵孩子」的方式，調整目標。

✪ 獎勵自己

當按照目標達到成果時，不妨為自己準備一些獎勵。不過，不需要非得只有「成功」才獎勵自己。光是為了擬定目標、反思與檢視、實踐、評價，以及設定新目標而努力的這件事本身，已值得給予自己獎勵了。因為，在這些過程中，顯然已經成功提升了為人父母者的自我調節能力。請不要一味為了做錯的部分鑽牛角尖，或為此感到憤怒、挫折。務必要好好獎勵嘗試努力的自己。所謂的「好父母」不是完美的父母，而是願意努力的父母。

若想順利解決生活中大大小小的事，自我調節能力絕對不可或缺——清楚某件事為何做、如何做，事情太多時該怎麼決定優先順序，以及適當採取時而果斷，時而彈性的應對。此外，父母也得照顧好自己的情緒，即使經歷失敗也不要因此感到挫敗，學會在撫慰自己的同時不要失去勇氣。

第五章

自我調節能力第二階段：應該做的事與不應該做的事

隨著正面的自我意識、活用話語的情緒調節、遵守規則的自制能力、整理與組織化、時間概念等面向的日益發展，孩子的自我調節能力也會漸趨成熟。

孩子會慢慢對「我」這個人產生自我意識。接著，自然而然地透過特徵來區別性別、年齡，以及自己與他人。以「我六歲」、「我是女生」、「我喜歡杯子蛋糕」、「我連打針都不怕」……等方式，表達自己。對自己擁有正面自我意識的孩子，往往也能擁有較高的自尊感。

隨著話語能力逐漸發展，使用話語調節自我的能力也會越來越好；像是以「我是很能忍耐的孩子」之類的話語來安撫自己，同時降低對打針的恐懼。開始加入托兒所或幼兒園的團體生活後，也能藉此培養社會化程度；像是在與朋友分享玩具或食物的同時，培養體貼、禮讓、耐心等。隨著想像力越來越豐富，也可透過角色扮演等遊戲，加深對他人立場或情緒的理解。在遵守規則的同時培養自制能力，在玩耍過後的整理時間，培養整理與組織的能力。

這段時期的孩子，對時間的概念會飛速成長。他們開始明白太早去幼兒園的話，不僅幼兒園不會開門，朋友們也都還沒來，所以會很無聊；太晚去幼兒園的話，朋友早就已經玩了一陣子，而且可能會錯過很多有趣的事。時間管理的能力，在學業與適應社會的層面，扮演著舉足輕重的角色。

隨著正面的自我意識、活用話語的情緒調節、遵守規則的自制能力、整理與組織化、時間概念等面向的日益發展，孩子的自我調節能力也會漸趨成熟。

孩子會慢慢對「我」這個人產生自我意識。接著，自然而然地透過特徵來區別性別、年齡，以及自己與他人。以「我六歲」、「我是女生」、「我喜歡杯子蛋糕」、「我連打針都不怕」……等方式，表達自己。

08 對自己說出負面話語時

孩子在成長過程中，會慢慢開始積極地區分自我與他人。因此，「我」的形象也會逐漸成形。一旦使用愛哭鬼、小器鬼、賴皮鬼、問題兒童、闖禍精等負面話語稱呼孩子時，他們可能會配合這些話語，形成負面的自我意識。

比起自認為是愛哭鬼的孩子，自認為很能忍耐的孩子，通常也會願意更積極地調節自我情緒；比起自認為是搗蛋鬼的孩子，自認為很勇敢的孩子，通常也會做出更多正確行為。

自我意識，其實與自尊感相當類似。正面的自我意識會形塑較高的自尊感，而高自尊感則會加強孩子嘗試自我調節的動機。因此，請協助孩子學會使用正面、積極的話語表達自己吧！

為什麼要使用正面積極的方式形容自己？

「畢馬龍效應」（Pygmalion Effect）顯示，當周圍的人給予正面評價時，確實能成就更好的結果。如果能以正面話語稱呼孩子，他們自然就會想做得更好；反之，如果以負面話語稱呼孩子，他們就會因為形成負面的自我意識、低落的自尊感，而失去想做得更好的動機。

由於孩子在這段時期的自我意識會特別發達，也深受父母的行為或話語影響。父母以何種方式稱呼，孩子就會自然地形成何種自我意識。

父母常見的錯誤

❖ 使用負面綽號稱呼孩子

當孩子很愛哭又很愛鬧脾氣、犯錯時，請不要為他們貼上像是愛哭鬼、賴皮鬼之類的負面綽號。即使是基於覺得他們討喜、可愛的本意，也請不要稱呼他們為「醜八怪」。

❖孩子闖禍時加以責備

當孩子闖禍時，有些父母會使用「為什麼整天都這樣？」、「你真的沒有一件事做得好欸！」等全盤否定的方式斥責孩子。聽著這些話成長的孩子，會不自覺地認為自己一輩子就是個廢物，並且形成「自己一無是處」的自我意識。當父母以這種方式說話時，或許早就因為在氣頭上而模糊焦點，也不清楚自己本來究竟要教導孩子什麼，因此孩子很有可能下次又會重蹈覆轍。

請這麼做

❖使用積極正面的特徵替孩子取綽號

世上不存在只有優點的孩子；同理，也不存在只有缺點的孩子。請務必找出孩子的優點，並且以此為他們取個綽號；例如要求大人半夜起床一起玩玩具的孩子是「勤勞寶寶」、一直嘰嘰喳喳講個不停的孩子是「話題專家」般，請以正面詞彙形容他們的模樣。一而再聽見這些用詞的孩子，自然就能形成正面的自我意識。

❖孩子做錯事時，請指責他們「做錯的事」就好

指責孩子與指責孩子的行為之間，有著極大的差異。假設孩子出去玩時，把帽子放在遊樂場忘記帶回家了；「你為什麼老是心不在焉？」，是指責孩子本身；「你應該顧好自己的帽子。」，則是指責孩子這次犯的錯誤。當指責孩子本身時，只會讓他們覺得自己很愚蠢，因而產生負面的自我意識。因此，當孩子闖禍時，請指責錯誤行為就好。

09 毫不忌諱地對他人說出難聽話時

有天，宙浩的父母帶著孩子去了趟超市。宙浩突然對結帳的店員大聲說了句：「哇！阿姨是個大胖子！」店員的表情當下有些慌張，卻依然笑著回答「對啊，如果可以像你媽媽這麼苗條就好了」，化解了尷尬的瞬間。此時，宙浩又大聲地回了一句「我爸和我媽的肚子超級大」，周圍的人通通笑了出聲。對此感到難為情的父母滿臉漲紅，急急忙忙地帶著孩子離開超市。對於究竟該如何教訓孩子，宙浩媽媽的思緒有些複雜。

宙浩毫無顧忌地說出難聽話的原因，大致可分為兩種：

第一，是因為他尚未充分了解他人與自己的情緒有所不同；因此，無法意識到自己說出口的話，可能會使他人感覺難為情或憤怒。

第二，雖然知道有些話不可以說，卻忍不住脫口而出；換句話說，即是控制得不好。

如果想分辨可以說的話與不可以說的話，首先必須具備理解、體諒他人情緒的共感能力；此外，也必須擁有忍耐不說話的自制能力與耐心。教懂孩子體諒他人的說話方式，同時也能提升他們的自我調節能力。

為什麼要教導孩子好好說話？

就算隨便亂講話，大家可能會因為對方仍是個幼兒而寬容以待。只是，如果換作是十歲的孩子亂說話呢？老是脫口說出「老師好胖喔！」、「你為什麼長那麼醜？」之類話語的孩子，勢必不可能受歡迎。

如果想與他人相處融洽，必須分辨什麼是「說出口後不會傷害聽者情緒的話語」。唯有先學會分辨話語的方法，才具備能與他人好好相處的社會化程度。

即便是因為判斷力仍不足，而不懂得區分「可以說的話」與「不可以說的話」的孩子，父母也必須持續關注與教育。盡可能為孩子說明他人的情緒，以及協助他們嘗試使用設身處地的方式思考。只要鍥而不捨地解釋，孩子也會漸漸學懂如何分辨「可以」與「不可以」說的話。

父母常見的錯誤

❖ 僅是以「誠實是好事」一句話帶過

有些父母會以「只是孩子說的話嘛」、「誠實是好事」輕描淡寫地帶過、粉飾太平。誠實，確實是好的特質；只是，問題在於「不顧對方感受便隨意說出自己想說的話」——過度的誠實，就是無禮。放任孩子肆無忌憚地說出所有想說的話，絕對不是為了孩子好。雖然孩子的確有可能說出無禮的話，但大人更該藉機教育他們控制說話的方法，以及如何考量對方心情的部分。

❖嚴厲斥責

孩子可能因為還不懂事，所以才會亂說話。假如，因為還不懂事而受到過度嚴厲的斥責，孩子或許會因此覺得不安，甚至對「說話」這件事感到猶豫。有時，可能會使性格開始變得消極。

❖只告訴孩子「你做錯了」，卻沒有清楚說明

大部分的父母會使用「你怎麼可以在那種場合說那種話？」的方式，讓孩子知道他們做錯事。然而，孩子雖然意識到自己做錯了，卻不明白實際做錯什麼事，自然也不清楚究竟該怎麼做。於是，下次又會出現相同的錯誤。

請這麼做

❖ 請向孩子解釋話語的力量

話語是有力量的，可以使人愉悅，也可以使人憤怒。請向孩子解釋何謂話語的力量，像是透過「上次你的朋友在遊樂場說你是『膽小鬼』的時候，你的心情怎麼樣？」、「阿姨可能也會因為聽見你說她是『大胖子』，而覺得很傷心」之類的方式，讓孩子漸漸明白他人的心情或想法，可能會因為自己的一句話而改變。

❖ 請讓孩子知道，話語是他們的另一張臉

藉由「說好聽話的時候，別人就會認為你是個可愛的孩子；相反的，說出難聽話時，他人也會以為你是沒有禮貌的壞孩子。既然你是可愛的孩子，不如多說些好聽話吧！」的方式，讓孩子明白說出口的話語，會是他人認識自己的另一種方式。

❖請重複為孩子多說明幾次

不可能只學一次，孩子就能馬上分辨出何謂「可以」與「不可以」說的話。原因在於，這件事需要理解他人情緒的共感能力、掌握情況的判斷力，以及忍住不說某些話的自制力，但這些能力都並非一朝一夕就能出現，必須透過鍥而不捨的訓練，才有辦法使自我調節能力成長。因此，請對孩子多點耐心吧！

10 說出與事實完全不相符的話時

星期一傍晚前往幼兒園接孩子時，在門口送孩子離開的老師說：「聽說你們家昨天去遊樂園啊？寶貝說很開心，一定很好玩吧？」週末時因為老二生病的緣故，全家人根本沒去過任何地方，只能留在家裡；可是，孩子卻在學校裡炫耀自己去了遊樂園。

孩子們偶爾會像這樣，說出根本不曾發生過的事。除了想像力豐富外，有時也是因為他們無法分辨想像與實際的情況，這種情況，與為了欺騙對方而說謊，是不一樣的。當孩子說出與事實完全不符的話時，究竟該怎麼做才能同時培養他們的想像力與自我調節能力呢？

應該培養孩子想像力的原因

當想像力豐富的孩子面對問題時，總是能想到更多解決方法。所謂自我調節能力，並非僅是單純的「忍耐」，同時也包含自主解決問題的能力。想像力豐富的孩子，自我調節能力也會比較好！

父母常見的錯誤

❖責備孩子說謊

面對說著自己去了根本沒去過的遊樂園，吃了根本沒吃過的炸豬排的孩子時，父母自然會認為「孩子在說謊」。於是，隨即以「你什麼時候去過遊樂園了?你不可以說這種謊話！」予以責備。於是，孩子豐富的想像力就在得不到父母的理解之下，瞬間淪為一文不值的現實。

❖ 非得要求孩子搞清楚現實

雖然現在年紀還小，說些異想天開的話無傷大雅，但擔心孩子繼續這樣下去，長大後會變成騙子的父母，斬釘截鐵地戳破孩子，告訴他們「我們根本沒去過遊樂園啊？你不可以把沒去過的地方說得像去過一樣！」孩子本來自由開展的想像翅膀，從此蜷縮不振。

想像力的強度與孩子的所知所聞成正比。儘管現在只能想像與表達出「去遊樂園、吃炸豬排」的程度，等待日後累積更多見聞後，孩子的想像力說不定能延伸至全新的科學發展，請不要阻斷孩子的想像力。

請這麼做

❖ 孩子長大後自然會改善，不需要杞人憂天

五、六歲的孩子說出混淆想像與現實的話，是很常見的事。等到時間一久，

他們自然就有辦法分辨想像與現實。有些研究結果指出，想像力越是豐富的孩子，反而在長大後越懂得區分想像與現實。因此，大可不必預先擔憂孩子，長大後會繼續說這些不符現實的話語。

❖請引導孩子發揮更多想像力

即使孩子說的是異想天開的事，也請仔細聆聽，「原來你去了遊樂園啊！」、「還吃了炸豬排！」……只要傾聽，不要反駁。光是父母願意聽自己說話這點，便足以令孩子感到喜悅，因而願意創作更多想像的故事。

細心聽完孩子說話後，也請陪伴與引導他們發揮更多想像力。像是以「那你去遊樂園做了些什麼？」的方式提問，即可讓孩子在創作新故事的同時，培養更豐富的想像力。

❖當孩子是刻意說謊的情況，則必須告知他們正確的事實

孩子可能暫時還不太明白話語的力量。在這種情況下，他們不懂他人與自己

的想法會不相同，也無法理解他人可能會因為自己的一句謊話，徹底改變想法與行為。因此，萬一是刻意說謊的情況，就得向孩子解釋必須告知他們正確事實的原因。舉例來說，像是「你說那樣的謊話，會讓朋友覺得很傷心」。（可參考p.308「光明正大地說謊時」）

11 整天只想吃零食時

為了想吃速食當作點心而鬧脾氣的孩子，與不想讓孩子吃下有害食物的父母之間，展開了一場戰爭。如果從小就養成不良的飲食習慣，長大後很有可能會飽受肥胖或成人病之苦。暴食、偏食，或大吃高熱量、低營養的食物等，皆屬自我調節能力低下的情況——無法抵抗食物的誘惑。

必須養成良好飲食習慣的原因

趙柔娜與崔允伊以二百一十六名、孩子就讀幼兒園或托兒所的父母為研究對象，藉此檢視兒童的飲食習慣與自我調節能力之關聯性，以及飲食習慣對自我調節能力的影響程度。研究結果顯示，兒童的飲食習慣與自我調節能力存在密切關係，而且極具影響力。養成每日規律的三餐、不挑食、細嚼慢嚥、經常攝取蔬果等均衡飲食的習慣，有助於培養自我調節能力。

父母常見的錯誤

❖ 在家囤積對身體無益的零食

父母相當清楚高熱量、低營養的食物對健康毫無益處，儘管如此，依然可能基於孩子喜歡而買回家囤積。當食物不在視線範圍內時，自然就不會產生想吃的欲望。一旦孩子知道家裡有這些食物，免不了會經常想吃，結果只會造成壞習慣惡性循環。

❖ 養成不規律的飲食作息

大人們減肥時，經常採取挨餓的方法，但這樣反而更容易暴飲暴食。一旦重複經歷這樣的過程，身體會開始失去對一餐適當份量的意識，意即對「適當飽足感」的反應。許多罹患進食障礙的患者，都是因為失去健康的飽足感，才不停重複暴飲暴食與挨餓的歷程。

孩子也是一樣的，不規律的飲食作息，只會讓過度飢餓的孩子變得暴飲暴食；相反的，未在正確的時段裡進食，也會讓孩子變得不想吃正餐。不僅免不了老是得在用餐時間拉拉扯扯，孩子也很難再養成自主、適當的飲食習慣。

❖在孩子面前展現對健康有害的飲食習慣

如果父母時不時大口享用對健康有害的高熱量、低營養食物，絕對很難要求孩子不准吃這些東西。再加上，孩子經常會模仿大人的行為，因此跟著父母一起吃的情況也會變成常態。父母的不良飲食習慣，確實會代代相傳地成為孩子的飲食習慣。

❖ 使用對身體無益的食物作為獎勵

獲得獎勵，確實是令人心情大好的事。不過，假如獎勵是像巧克力或炸雞等高糖、高油脂的東西呢？給予孩子高糖、高油脂的東西作為獎勵，只會讓他們把這些食物當作「好東西」，導致適得其反的效果。

請這麼做

❖ 請與孩子一起用餐

如果父母擁有健康的飲食習慣，那麼孩子自然也會依樣畫葫蘆。一起用餐時，不妨展現出自己「快樂享用著孩子不喜歡卻對身體有益的食物」的模樣。起初連將這些食物靠近嘴邊都十分抗拒的孩子，漸漸也會基於好奇心嘗試著吃一口看看。那麼，孩子之後願意吃這些食物的機率就會隨之提升。

❖ 請讓孩子自主用餐

父母因為孩子不吃飯而緊追在身後，並試圖把食物塞進他們嘴裡的景象，是不是相當常見呢？其實，這麼做反而會阻礙培養孩子對飲食的自我調節能力。請引導孩子自主決定要吃什麼食物、吃多少份量。

❖ 請規律飲食

主動進食適當份量的食物，是良好的飲食習慣。如果想讓孩子能熟悉一餐該有的飽足感，規律飲食即是重要的關鍵。當孩子學會在固定的時間、吃固定的份量，自然就能培養他們對飲食的自我調節能力。

❖ 請杜絕所有對身體無益的食物

一旦孩子愛上了對身體無益的食物，想再限制就會變成難事。最有效的方法，就是不要讓對身體無益的食物出現在孩子眼前——不要在家中擺放任何高熱量、低營養的食物。一樣食物究竟對身體有益或無益，只要看看食物包裝的背面便一清二楚，請父母多加注意。

12 沒辦法自己玩的孩子

孩子會在遊戲中成長，像是運動能力、認知能力、語言能力、創造力、社會化等，玩得好甚至可能就不用再額外學習，也能均衡發展。在小學低年級前，孩子的想像力尤其豐富，透過各式角色扮演更能有效培養他們的想像力。在玩耍的過程中，學會企畫、表現、監督，在學習的過程中，發展自主性、獨立性、想像力、問題解決能力。這些能力即使在孩子長大後，也會是他們人生必備的自我調節能力之要素。

就像孩子必須均衡飲食才能順利成長一樣，玩得越多樣，發展得也會越好。有些孩子只要一獨處，就會把「好無聊」這句話掛在嘴邊。雖然只喜歡自己玩是個問題，但完全無法自己遊戲也是個問題。畢竟，偶爾也必須懂得跟自己相處才行。

為什麼要讓孩子自己玩？

無法獨自遊戲的孩子，通常是因為還不清楚自己一個人該玩什麼，或是該怎麼玩才有趣。當孩子獨自玩耍時，他們會在自主決定遊戲時與投入該遊戲的過程中，培養自主性與獨立性、創造力。同時，孩子也會藉此明白自己做什麼事時能感覺愉悅，就算沒有朋友也不會感到不安。

父母常見的錯誤

❖ 剝奪孩子獨自玩耍的機會

當孩子遊戲時，不少父母都會出現過度干涉的情況。先是告訴孩子該玩什麼後，又在他們玩耍時持續介入，像是以「你這樣做、你那樣做」、「這是什麼？那是什麼？」等方式加以提問、指示，妨礙孩子的遊戲。

這樣的方式，讓孩子很難全心投入遊戲，因此失去樂趣，導致他們無法學會獨自玩耍的方法。

❖認為學業比遊戲更重要

有些父母認為玩耍是在浪費時間，時常要求正在遊戲的孩子去讀書，孩子因此失去藉由獨自玩耍才得以學習、發展的機會。當父母不明白遊戲對孩子的發展有多重要時，經常會發生這類錯誤。

❖只在孩子要求一起玩時才表現關注

當孩子獨自遊戲時，父母便開始忙自己的事；當孩子吵鬧著要求一起玩時，父母才給予關注。雖然父母會因此認為孩子無法獨自玩耍，但他們其實具備獨自遊戲的能力，只是為了想獲取父母的關心，所以才會提出要求。在這種情況時，請陪他們一起遊戲吧！

請這麼做

❖ 當孩子玩耍時，請成為他們的觀眾

請不要剝奪孩子遊戲時的主導權，讓孩子完全自主決定該玩什麼、該怎麼玩。一開始，只要靜靜當個觀眾就好；從旁靜觀孩子玩耍的模樣，然後偶爾給予他們像是「哇！」、「真的耶！」之類的反應，便已足夠。只當個觀眾或許有些無聊，但父母若能持續關注以孩子為主導的遊戲，有助於他們漸漸熟悉自主、獨立遊戲的方法。

❖ 事先與孩子約定好遊戲時間

相較於獨自玩耍，有些孩子更喜歡與父母玩。面對經常吵著要一起玩的孩子，還得處理其他事務的父母當然不可能時時陪玩；這種時候，不妨事先約定好遊戲時間，像是「每天晚上八點就是與爸爸、媽媽一起玩二十分鐘的時間」等方式。一到這個時間，請父母放下手邊工作，專注陪伴孩子玩耍。

像這樣短暫、高品質的陪玩就已足夠。孩子在期待與父母遊戲時間來臨的同時，也會習得耐心等待。此時，需要格外留意的一點是，千萬不可以失約。一旦未遵守約定，孩子就會不再信任父母的承諾，開始整天黏著父母，時時刻刻吵鬧著要一起玩。

❖ 當孩子樂於獨自玩耍時，請給予關心與稱讚

不少父母都會在孩子享受獨自玩耍時做自己的事，等孩子要求陪玩時才對他們表現關注。有時，孩子也可能是因為想獲得父母的關心，才吵著要父母一起遊戲。因此，平常請隨時表現出對孩子的關注。像是一句「我們家的秀賢一個人也能玩得很開心耶」，並搭配簡單的肢體接觸便已足夠。如果是平日已經獲取充分關注的孩子，就會減少透過吵鬧要求一起玩耍，藉此吸引注意的舉動。

13 欺負弟弟、妹妹時

隨著老二出生，老大相對上被搶走了父母的關注，因而覺得被冷落；有時會因為弄哭老二，而被大人們訓斥；視若珍寶的東西，甚至可能被還不會溝通的弟弟、妹妹弄壞……總之，對老大來說，老二就是個討人厭的存在。

然而，站在另一個角度來看，老二既是老大無聊時能陪伴玩耍的同伴，也是整天跟在自己身邊的小跟班。照顧弟弟、妹妹這件事，不僅使老大感覺快樂，甚至會因此得到大人們的稱讚。

手足關係，取決於父母

如果老是因為弟弟、妹妹的事挨罵，就會覺得弟弟、妹妹很討人厭；反之，若因弟弟、妹妹而受到更好的待遇，那麼弟弟、妹妹自然就會變成討喜的存在。對於排行老大的孩子而言，弟弟、妹妹是什麼角色，完全取決於父母。

孩子與手足的關係可能根據父母的態度不同，而變得更好或更壞。若父母能多多稱讚懂得陪伴與照顧弟弟、妹妹的孩子時，他們也會因此認為弟弟、妹妹是寶貴的存在，手足的關係也會越來越緊密。期望排行老大的孩子與幼小手足相處融洽，父母的角色至關緊要。

想與比自己年幼、不成熟的弟弟或妹妹相處融洽，孩子得先學會體諒、照顧的成就感、耐心等；而這些都是培養自我調節能力的要素。而與弟弟、妹妹相處融洽的孩子，通常自我調節能力也較出色。

父母常見的錯誤

❖ 認為「手足都是在吵架中長大的」而放任一切

有些父母會因為「所有孩子都是在吵吵鬧鬧之中長大成人」的觀念，而假裝什麼都看不見，甚至放任不管。然而，孩子往往也因此無法學會如何使用話語解決矛盾，以及需要妥協、互相禮讓與合作的相處方法。萬一每次都為了相同問題爭執卻未解決的話，只會讓彼此的關係漸行漸遠。此時，需要父母介入其中為孩子們說明是非對錯。

❖ 一味袒護弟弟妹妹

如果基於「保護弱勢」的想法而袒護弟弟、妹妹，並因此責備排行老大的孩子，確實看似在當下問題就解決了；然而，卻也同時在孩子心中積累了委屈，與對弟弟、妹妹的被害意識。這些情緒將在下次問題發生時，爆發成更激烈的局面，或是在父母看不見的地方，轉變成欺負幼小的形式來宣洩。

❖在相處融洽時放任不管，一言不合時又即刻教訓

假設孩子與弟弟、妹妹相處融洽時，父母沒有任何反應，但只要一開始爭執，父母就立刻跑過去訓斥他們，結果會是如何？孩子與弟弟、妹妹相處時，經歷被父母教訓的次數多於良好的回應。兩個孩子都會因此對彼此留下越來越多不好的回憶。

請這麼做

❖發生爭執時，請積極調停

如果是為了玩具爭執，請一起擬定固定時間輪流玩；如果連輪流玩也要爭執的話，則制定出當天雙方皆禁止玩玩具之類的規則。請務必謹慎思考「當只有一個麵包時，究竟該如何分給不只一個孩子吃」的問題。

看在大人眼中微不足道的小事，孩子們卻難以明白如何調解分歧、解決矛

盾。因此，請父母出面教導孩子們解決的方法。光是看著父母解釋各式方法的模樣，孩子就能學到許多事。

❖請讓孩子因為弟弟、妹妹的事獲得讚賞

假如每次和弟弟、妹妹吵架都會挨罵，絕對不可能改善手足的關係；請讓孩子時常因為弟弟、妹妹的事獲得讚賞吧！有美食的時候，請先給排行老大的孩子，再引導他與老二分享——此時，請拚命稱讚願意分享食物給弟弟、妹妹的老大。如此一來，在培養孩子主動分享玩具、食物的自主性與責任感的同時，也會一併提升他們的自尊感。

❖請教導孩子如何好好保管自己寶貴的東西

年幼的孩子可能因為不小心弄壞兄姐寶貴的東西，為了避免這樣的情況，請事先教導孩子該如何將寶貴的東西，好好收在弟弟、妹妹伸手無法觸及之處。這麼做，不僅能提升孩子嘗試預測未來會發生什麼事的能力，也會激發他們妥善保管自己物品的能力。

14 無法好好表達而哭鬧糾纏時

有些孩子，在一般情況下都能侃侃而談、表達意見，但遇到自己真正想要的東西時，卻變得無法如實表達，甚至轉而開始無理取鬧、糾纏不休。雖然，又哭又鬧的方式，可以讓他人了解孩子正處在極端憤怒或悲傷的狀態，卻無法明白他們真正的意思。很難掌握孩子究竟為什麼生氣？為什麼傷心？真正想要的是什麼？

無理取鬧的孩子，往往無法受到同儕的歡迎。原因在於，總是得先抒發情緒的對話，只會讓對方留下不悅的印象。如果期望孩子能與他人相處融洽、溝通無礙，必須教導他們先調節好自我情緒再與他人對話的方法。

父母常見的錯誤

❖ 當孩子在無理取鬧時，劈頭就罵

如果孩子開始無理取鬧，父母就立刻發脾氣的話，那麼父母同樣也是在沒有調節好自己情緒之下給予反應。父母應該做的事，是鎮定地告訴孩子為什麼應該這麼做，靜待他們的情緒穩定下來。

❖ 唯有在孩子吵鬧、發牢騷時才願意傾聽

有些父母老是在孩子好好說話提出要求時，用「嗯，等一下再說」的態度敷衍了事，然後非得等到他們開始糾纏不休時才願意專注傾聽……這都會造成孩子變得無理取鬧。重複幾次後，孩子就會意識到好好跟父母說話只是在對牛彈琴。從此以後，當他們有任何要求時，第一步就是採取無理取鬧的方式。請在孩子開始吵鬧、發牢騷之前，當他們仍願意好好說話時，專注地聽聽孩子想要表達些什麼。

請這麼做

❖ 掌握無理取鬧的原因

孩子無理取鬧的原因難以計數。因為今天狀態不佳、因為感冒或腹瀉導致身體不舒服等，都可能是他們無理取鬧的原因；也有可能是因為只有透過這樣的方式，父母才願意傾聽他們。有時是會為了事情發展不如願而吵鬧、發牢騷，有時則是為了不得不做自己討厭的事。因此，首先得要掌握孩子無理取鬧的原因，才能教導他們如何以適當的方法解決該問題。

❖ 當孩子好好說話時，請即時給予關注

「我好好說的時候，你不聽，非得要我用吼的嗎？」是不少父母常說的話。換個角度思考，其實孩子也一樣。孩子同樣認為唯有在他們採取吵鬧、發牢騷的方式提出要求時，父母才會即刻聆聽，而非敷衍帶過。對孩子來說，吵鬧、發牢騷也是件相當累人的事。當孩子好好說話時，請務必給予關注。藉此讓他們知道不是非得靠無理取鬧的方式。

❖ 請讓孩子知道吵鬧、發牢騷沒有用

如果不喜歡孩子無理取鬧、糾纏不休，那麼務必讓他們知道「就算使出這招也沒用」的事實。當孩子無理取鬧時，選擇忽視也是方法之一，同時請明確告訴他們：「爸爸媽媽不會聽無理取鬧的孩子說話。如果你願意好好說清楚，我們才會聽。」假設孩子在父母採取這種方式後依然吵鬧不休，那麼也請繼續使用忽視的方法。隨後，當孩子調節好情緒，願意好好說話時，請立刻給予他們關注與稱讚。

❖ 請果斷處理

千萬不要因為不想聽，或是羞於面對他人的目光，而妥協於孩子的吵鬧。若孩子在開始吵鬧、發牢騷前已經提出可以接受的要求，請盡快完成他們想要的事；若是無法接受的要求，也不能因為孩子的吵鬧、大哭、耍脾氣就妥協。父母必須果斷地維持始終如一的態度。在這段過程中，孩子自然會意識到鬧脾氣無法如願以償；同時也會在雙方對話中，學會調節情緒與確實溝通的方法。

15 用餐時間老是坐不住

有些人喜歡與他人一起用餐，有些人則十分厭惡。面對吃得到處都是的人、邊噴口水邊說話的人、只顧盯著手機的人、毫無同理心急著吃完離座的人、不管其他人都已吃完甜點卻仍一顆一顆吃著飯粒的人……等，你會想時常與這些人一起用餐嗎？

想好好用餐，必須具備哪些能力？

若想培養出社會化程度高的人，就必須擁有良好的餐桌禮儀。而餐桌禮儀，則得由「坐在一起用餐」開始著手。

- **衝動調節能力**：不會吃到一半就為了周圍的新事物起身、相互追逐。
- **耐心**：如果是對食物沒什麼興趣的孩子，「乖乖坐著吃飯」絕對比玩玩具來得無聊。因此，要坐在定點、好好吃飯，孩子就必須擁有能克服無聊的「耐心」。
- **運動調節能力**：能避免吃得到處都是。
- **觀察周圍的能力、管理時間能力**：用於配合他人的吃飯速度。
- **自主控制的能力**：懂得哪些食物該吃多少份量，才能在不暴飲暴食的同時攝取到均衡營養。
- **專注與他人對話的能力**：用餐時能與他人對話溝通。

想成為一個能與他人一起用餐的大人，上述的各種自我調節能力缺一不可。

為什麼要教導孩子好好坐下來一起吃飯？

即使是大人，偶爾也會在上班途中吃早餐，或是邊工作、讀書邊吃東西吧？

既然如此，為什麼必須教導孩子好好坐下來一起吃飯呢？

雖然大人會在趕時間時邊走邊吃，但也能在必要時與他人一起坐下來好好吃飯；換句話說，即是有能力根據不同的情況，多樣化地調節自我行為。然而，孩子卻無法這麼做，因為他們尚未具備能調節自己坐在固定地方吃飯的能力。

萬一沒有及早培養這項能力，很有可能會發生在學校用餐時間時，孩子仍到處跑來跑去，將食物撒得到處都是、受傷或是妨礙他人等情況。這些行為都會引起其他同學的反感，甚至被老師責備。最後，孩子就會變得很難擁有與他人一起享受用餐的時光。因此，必須從小開始教導孩子，如何在用餐時間坐在固定位置吃飯。為了預防孩子在學校用餐時間發生尷尬的情況，建議父母能在他們上小學前事先開始進行定點、定時完成用餐的訓練。

父母常見的錯誤

❖追著孩子餵他們吃飯

因為孩子不吃飯，導致大人追著餵食的景象並不罕見。孩子吃了父母給的一口食物後，又立刻奔向有玩具的地方；於是，父母便拿著湯匙追了上去，嘗試餵孩子再多吃一口。如果只讓「用餐」囿限於「只是單純在攝取營養」，孩子將難於發展耐心、時間概念、專注於用餐或對話的能力，以及使用餐具的運動調節能力等。

❖在用餐時間提供孩子科技產品

為了讓孩子能乖乖坐好吃飯，經常可見到大人在用餐時間給予孩子科技產品的畫面。偶爾為之倒是無妨，但每次都得採取這種方式的話，可就是個問題了。在用餐時間，孩子必須專注於「吃東西」這項行為，同時自主調節該吃些什麼與吃多少份量；在與他人對話時，也能培養適當參與談話的自我調節能力。然而，當孩子全神貫注在科技產品時，就很難培養相關的能力了。試著想像一下那些在學校、公司三五成群用餐時，一旦少了手機就會忍受不住無聊的人——沒人會想要和這種人一起用餐。

❖ 隨意站著解決一餐

孩子會模仿他人在用餐期間彼此對話、交流的模樣，即使是偏食的孩子，也會因為看見他人開心品嚐的景象，而對其他食物產生好奇心。若父母費心準備了餐點、要求孩子坐好吃飯，那麼自己也請不要只是站著隨便吃吃就當作一餐。若孩子能與父母一起坐好吃飯的話，他們將會學到更多。

請這麼做

❖ 提供孩子專注用餐的環境

請關閉電視，也不要讓孩子把玩具帶上餐桌。盡可能移除一切會使孩子分心的東西，讓他們能百分百專注於「吃飯」這件事。

❖讓孩子在餐桌用餐

老是在客廳的沙發或書桌等不同地方用餐，讓專注用餐變成難事。養成良好的習慣是非常重要的，如果能坐在固定地方用餐，孩子也較容易熟悉「坐好吃飯」這件事。

❖讓「用餐時間」成為快樂的時光

為了幫助孩子克服「坐好吃飯」這件事，不妨多嘗試不同的方法。準備孩子喜歡的食物、餐具，或是變換烹調方式，皆是可能讓孩子感到愉悅的方法。享受過快樂的用餐經驗後，孩子自然就更容易好好坐下來吃飯。

16 討厭坐在書桌前時

雖然孩子樂於自己一個人閱讀、寫作、繪畫，卻喜歡在不一樣的地方做這些事，而非好好坐在書桌前。認為孩子只要喜歡閱讀就好的父母，於是放任孩子隨意地趴在客廳看書——然而，這就是問題所在。

只要能讀到有趣的書，就算是不舒服的姿勢也無所謂。但是，若換作是算數學題呢？自然很難維持長時間。此外，不正確的姿勢，也會對孩子正在發育的脊椎造成影響。

養成「坐在書桌前」習慣的重要原因

對人類的大腦來說，「習慣」是很重要的事。所謂習慣，指的是不自覺的自然反應。對罹患進食障礙的患者而言，首先必須協助他們養成坐在餐桌前吃東西的習慣。隨著大腦開始習慣坐在餐桌前、進食一人份的餐點後，便能逐漸減緩暴飲暴食的風險。專家也建議罹患睡眠障礙的患者，盡量養成在床上只從事睡覺這個活動的習慣；在床上看書、使用手機，都是有礙睡眠的壞習慣。

在孩子正式入學之前，父母就應開始引導他們養成吃飯、睡覺等與基本生活相關的好習慣；培養坐在書桌前看書的習慣，自然也是越快養成越好。

請這麼做

❖ 為孩子準備適合的書桌

假如情況許可，請根據孩子的發育程度，為他們挑選高度適當的書桌與座椅。此外，無論孩子坐在書桌前做些什麼事，都請給予稱讚。當他們以趴姿、臥姿在家中各處閱讀時，也請引導孩子坐到書桌前。

❖ 協助孩子將「書桌」與「愉悅的情緒」聯想在一起

獨自坐在書桌前看書這件事，對一些孩子來說可能會覺得十分孤單，也有一些孩子覺得很乏味。建議父母一開始時，藉由在孩子身邊一起讀書等方式，進行陪伴。

除此之外，也請協助孩子坐在書桌前從事畫圖、摺紙等五花八門的活動。假如只顧著要求孩子在書桌進行無趣的課業活動，他們很難不對「坐在書桌前」這件事本身感到厭煩。當孩子坐在書桌前時，父母也可以坐在一旁，一起閱讀或陪伴他們玩耍，藉此讓孩子的大腦將「坐在書桌前」這件事記憶為舒適、快樂的活動。

❖ 讓孩子從事多樣化的小肌肉活動

使用雙手繪畫、做手工藝、摺紙、拼裝組合等，都是能促進小肌肉調節能力發展的活動。為了讓孩子盡情享受這些活動，不妨事先在書桌周圍準備好膠水、剪刀、圖畫紙、色鉛筆、蠟筆、積木等。

17 過度怕生時

雖然程度不盡相同，但大部分的孩子在陌生人面前，都會表現得比較怕生，抑或在人多的場合顯露出害羞的模樣。置身於陌生的情況時，任誰都會感到焦慮不安。害羞，也是不安的一種。孩子往往會對自己怕生、不安的情緒，感到不知所措。

怕生本身並不是個問題，每個孩子在任何時間點，都有可能出現害羞的情緒。況且，懂得調節、克服怕生與不安的情緒，也能讓孩子的成長發展更上一層樓。

當孩子在陌生人面前出現遲疑、停頓的表現時，請務必將此視為成長的機會，循序漸進地協助孩子克服怕生。如此一來，順利調節自我不安情緒的孩子，也才能勇敢地挑戰全新的情境。

必須克服害羞的原因

渴望與其他孩子一起玩耍的孩子，會因為擔心其他人不肯一起玩，或是可能會取笑自己，而表現得相當不安。不知道該如何是好的孩子，只能站在遠處靜靜地看著其他孩子玩耍。假如因為「怕生」而老是選擇逃避，孩子就會漸漸失去交朋友的機會。老是獨自玩耍，也會開始在同儕間缺少存在感，甚至出現自尊感下降的情形。即使與朋友的相處無礙，卻不清楚如何延續對話；萬一發生爭執了，也不知如何心平氣和地解決問題。當社會化程度無法提升，對於與他人相處一事，會變得更加焦慮不安；就算之後還有與其他人相處的機會，也會變得加倍怕生……最終，陷入了無止境的惡性循環。

父母應該在孩子陷入這個惡性循環前，盡可能協助他們克服怕生的情緒，進而與同儕和平相處。如果孩子與他人相處時，懂得自主調節不安的情緒，自然就能減少怕生的感覺。

父母常見的錯誤

❖ 隨意為孩子貼上「怕生」的標籤

若是父母為孩子貼上「怕生」的標籤，孩子也會以同樣的方式看待自己，因此變得加倍恐懼，難以面對新挑戰。此外，也要避免讓其他人替孩子貼上這類的標籤，當有人對孩子說「你很怕生耶」時，父母務必以「我們家孩子一開始比較需要時間熟悉，熟了之後就會變得自在」等說明方式，挺身為孩子發聲。

❖ 為了類似的情況責備或嘲笑孩子

我們每個人在學習的期間，難免會顯得比較笨拙、錯誤百出。當孩子在陌生情境中，尚在學習如何調節、減緩不安情緒之時，若父母顯露出責備、嘲笑的態度，不但會讓孩子變得更不安，也會導致他更難調節不安與克服怕生情緒。

請這麼做

❖ 與孩子分享父母的自身經驗

怕生而畏縮的孩子，自尊感很容易因為「與同儕比較」而受到傷害。請試著告訴孩子每個人都會怕生，以及父母本身有哪些怕生的經驗等。如此一來，也能保護孩子的自尊感。

此外，也可以透過自身克服害羞的經驗後，獲得什麼改變的故事，協助孩子鼓起勇氣，例如：「世珍啊，你會怕生，對吧？其實爸爸小時候也是那樣，但後來鼓起勇氣和其他人一起玩了以後，才發現超級好玩的！」

❖ 請協助孩子從小事開始實踐

不妨讓孩子試著從打招呼開始做起。一開始恐怕比較難加入數名孩子一起玩耍的小團體，可以讓孩子先與一個小朋友相處看看。試著將之前已有過相處經驗的一名孩子，邀請到家裡之類的熟悉環境一起玩，會是個不錯的方法。起初，父母可以先陪伴在旁。等到孩子開始投入在遊戲後，便可以逐漸移動到比較遠的位置。

❖ 請在孩子勇敢嘗試時給予獎勵

當孩子勇敢地做了之前做不到的行為時，請務必給予稱讚。孩子正在經歷學習調節不安的情緒、克服怕生，以及同儕融洽相處的方法。對孩子來說，父母的稱讚與鼓勵是很大的力量。

18 過度膽小時

試著想像一下一個無所畏懼的孩子——從高處往下跳、衝進行駛車陣、忽然伸出手撫摸兇猛惡犬、毫無戒心地跟著陌生人走……這些是不是都是些父母連想都不敢想的危險情境呢？

恐懼，其實扮演著保護孩子健康成長的角色。因此，孩子感到恐懼一事，不完全是需要擔憂的事，應視為他們又迎來另一個成長機會的信號。

對孩子來說，世上存在太多他們不熟悉的東西了。黑暗、陌生人、陌生場所、動物、怪物等，太過害怕的孩子根本不知道該如何處理自己的恐懼，於是他們大哭、閃避、躲在父母身後，甚至嘗試逃跑。當父母見到經常哭泣、躲藏的孩子時，難免也會有些不知所措，同時開始擔憂：膽子這麼小，以後要怎麼生活？

孩子恐懼的原因，通常是因為察覺到陌生感，不明白這種陌生的經驗會導致什麼結果的他們，於是對未知的下一步感到恐懼。儘管如此，也得讓孩子在一次次面對恐懼的情況中，培養自我安撫的能力，與控制不安、恐懼的力量。在這段過程中，孩子會自然產生自信，也會越來越熟悉面對挑戰的感覺。而這些經驗值，將會在孩子往後面對新的情況或課題時，助他們一臂之力。

必須克服恐懼的原因

生活處處充滿恐懼，若是無法控制這種情緒，便會經常成為恐懼的手下敗將。即使在面對相同情況，也只會不敢嘗試、想要逃跑、躲藏、哭泣。等到恐懼變成恐怖時，要想克服可就變得難上加難。老是被恐懼壓制得習慣躲避的孩子，不只會開始失去自信、消極，也會逐漸喪失主導權，造成自尊感低落。

當孩子變得膽小時，請協助他們戰勝恐懼，讓孩子學會收服恐懼的方法，成為自己的主人。

父母常見的錯誤

❖ 嘲笑孩子是「膽小鬼」

置身於恐懼的情況時，孩子不知道該如何是好，會感到十分慌張、煎熬。此時，假如陪在一旁的父母嘲笑孩子是「膽小鬼」，無疑是在火上加油。父母的責備或嘲諷，只會成為孩子克服恐懼的阻礙，對成長毫無幫助。

❖ 嚇唬孩子

嚇唬因為害怕迎面而來的小狗、緊緊貼著父母大哭的孩子，只會使得情況更加惡化。此時，萬一還說出「你再哭的話，就會有可怕的叔叔把你抓走」、「你繼續這樣下去，媽媽就要自己先走了」等話，孩子自然會更加焦慮不安。雖然父母是出於想盡可能幫助孩子的心態，但孩子真正需要的是勇氣。嚇唬孩子，只會讓他們連好不容易才擠出來的那一點點勇氣也消失無蹤。

❖ 強迫孩子

教導孩子控制自己與提起勇氣，是最重要的事。千萬不要勉強將尚未準備好的孩子推向他們恐懼的情境，這麼做無異於將毫無準備的士兵送上戰場。由於還沒做好戰勝恐懼的準備，很有可能非但無法克服恐懼，還因此更感到挫敗。最後，孩子只會被籠罩在更加龐大的無力感之中。

請這麼做

❖ 請父母自己先冷靜下來

面對孩子表現恐懼、又哭又鬧時，父母難免也會有些驚慌。當人感覺驚慌時，往往很難控制情緒。於是，父母可能因此出現責備孩子或發脾氣、莫名其妙動手推孩子的舉動。假如父母在看見蟲子時會嚇得尖叫，那麼孩子在第一次見到蟲子時，也會對此感到害怕。希望孩子冷靜，父母本身必須先冷靜下來——父母的行為，永遠是孩子模仿的榜樣。

❖請讓孩子感到安心

請使用像是「原來你是在害怕啊？」等話語，認同孩子的恐懼。接著，透過擁抱與輕拍安撫孩子。請父母藉由陪伴讓孩子知道，他們是受到保護的，盡量使孩子感覺安心。

❖請引導孩子從簡單的事開始克服

假如孩子有害怕的對象，請協助他們先找一個比較容易克服的物件，循序漸進地克服。舉例來說，如果孩子很怕狗，可以先找一些狗圖片或狗玩偶，讓他們把玩、熟悉；接著，再讓他們從遠處觀察比較小型的狗。如果孩子很怕黑，一開始可以先讓他們在開著燈的房間睡覺，之後慢慢調成亮度較低的照明；等到孩子適應後，再逐漸調暗光線。

每當孩子克服一個階段時，請務必好好稱讚他們。給予像是「你忍住對這個東西的害怕了，真棒！」、「你真的好勇敢喔！超厲害！」之類的稱讚後，也請事先詢問孩子是否願意挑戰下個階段後再行決定。當孩子的回答是肯定時，當然也要大力稱讚他們一番。

19 經常與朋友起爭執時

孩子們不清楚當自己與他人意見相左時，究竟該如何解決。於是，他們經常為此與他人爭吵。

爭執，是孩子們在成長過程中的必經階段，對孩子來說，藉由爭執學到些什麼，比爭執的行為本身來得更重要。

孩子與人爭執的原因很多，偶爾與同儕意見不一樣時，非但嘴巴上不肯妥協，甚至還有可能想用拳頭解決矛盾。有時會因為不願意讓步、不按照順序而爭執；有時，則是因為同學叫自己討厭的綽號而爭吵。

如果仔細檢視爭執的原因，即可知道其中其實都是孩子應該要學習的事——理解與體諒他人立場的方法、即使憤怒也要懂得用話語解決的方法、妥協並找出解決問題、開啟對話的能力……隨著這些能力的成長，爭執的頻率自然也會減少。

為什麼父母必須觀察孩子與他人爭執？

假如孩子經常與他人起爭執，請先檢視他們爭執的原因。可能是因為孩子無法理解他人與自己的想法不一定相同，也有可能因為孩子控制不住自己的憤怒情緒。此外，當父母相信「用打的比用說的有用」的教育方式時，孩子也會在這種情況時先一步訴諸暴力，或是因為孩子不知道讓步或妥協的方法等……

了解爭執的原因後，再引導孩子發展該部分的能力。如果已經與他人起爭執了，卻沒有從中學習到任何事的話，下次還是會為了相同問題與他人爭執，不妨將此善用為幫助孩子成長的大好機會吧！

父母常見的錯誤

❖總是輕易在孩子面前發脾氣

當孩子見到父母老是為了雞毛蒜皮的小事發脾氣、大吼大叫、吵架時，他們就會自然而然地建立起「一旦發生衝突，就該這麼解決」的觀念。如果經常讓孩子目睹父母吵架的景象，而父母卻在孩子與他人爭執時予以訓斥，只會讓孩子陷入不知該如何是好的混亂。至少，請盡量不要在孩子面前爭執。

❖因為孩子與他人爭執便加以責備

如果只顧著責備孩子與他人爭執這件事的話，他們根本學不到任何東西。孩子就是因為不懂得該如何使用其他方法解決矛盾，才會有此反應。雖然確實該針對孩子做錯的部分予以訓斥，但同時也請與他們聊聊「為什麼爭執？」、「當時的情緒是什麼？」、「日後又面對相同情況時，該怎麼做？」等。

請這麼做

❖ 請隔開爭執的孩子，並與他們各自對話

過度激烈的爭執，可能造成某一方受傷。因此，請先將吵架的孩子分開，避免發生更嚴重的意外。

首先，耐心傾聽爭執的原因，且無論如何都要同理孩子難過的心情。等到孩子激動的情緒穩定下來後，再開始討論是非對錯。孩子會藉由父母傾聽、同理自己，以及心平氣和地解決問題的過程，學習到解決矛盾的方法。

❖ 請明確告知孩子具體的解決方法

孩子間的爭執源頭通常十分單純，像是因違反規則而產生的誤會、同時想做某件事、想佔據某個地方等，幾乎沒有大人難以說明、解決的問題。仔細聽完孩子的解釋後，向他們提議具體的解決方法，以便日後能與同儕繼續快樂玩耍，並居中調解。例如「每個人輪流玩兩次，怎麼樣？」、「不如一起決定好規

則！」等，父母可以藉機向孩子展現下次面對類似的問題時，他們可以採取什麼樣的方式。

❖請讓孩子明白「暴力解決不了任何問題」

孩子必須明白，爭執——尤其是伴隨著暴力行為的爭執，對於解決問題絕對不是一個好方法。如果他們在訴諸暴力的行為後獲得了些什麼，請務必引導他們道歉並物歸原主。必要時，可以使用暫時隔離法。

如果只顧著責備孩子與他人爭執這件事的話，他們根本學不到任何東西。雖然確實該針對孩子做錯的部分予以訓斥，但同時也請與他們聊聊「為什麼爭執？」、「當時的情緒是什麼？」、「日後又面對相同情況時，該怎麼做？」等。

正確的暫時隔離法

暫時隔離法，指的是讓孩子思考自己的行為，並對此進行反省的教導方法，對矯正錯誤行為有一定的效果。此外，也可以引導孩子預測行為的結果、檢視自己的行為，培養他們控制情緒與衝動的力量，進而協助發展自我調節能力。

暫時隔離法的實踐方法

✪ 事先約定好需要暫時隔離法的行為

孩子們做出錯誤行為的次數難以計數，作為父母，自然會想盡快矯正孩子的一切錯誤行為。然而，想一口氣矯正所有錯誤行為，是絕對不可能的。請先將希望孩子矯正的行為一一列表，接著從中選出一、二項較為嚴重的問題。

所謂需要矯正的行為，必須是任誰看了都能立刻明白的具體、明確項目。相較於「沒禮貌的話」、「不良行為」等，模糊、加入主觀判斷的項目，具體且明確的「丟東西」會是比較好的做法。這個決定是爸爸、媽媽、阿公、阿嬤，還有最重要的孩子本身，都毫無疑問地同意的行為。如此一來，才能預防在執行暫時隔離法時發生不必要的口角，避免因為每個大人都想按照自己的規矩，衍生出混亂的局面。

在決定「需要暫時隔離法的行為」時，建議讓孩子也一同參與。請協助孩子理解，大人不是因為討厭他們才執行暫時隔離法，而是為了矯正他們的錯誤行為。另外，也請使用孩子能理解的方式，進行說明。

✪決定執行暫時隔離法的時間&地點

暫時隔離法的目的，是為了讓孩子能仔細思考自己的錯誤行為。不過，當人感覺焦慮不安時，大腦負責「思考」的部分並不會運作，所以在執行暫時隔離法的期間，不應讓孩子再為不必要的事感到不安。

因此，請盡量避免在偏僻、孤立或黑暗的地方，執行暫時隔離法。最好是親子雙方都能看見彼此的地方，例如客廳的牆面或椅子。請為最終決定好的地方或位置，取個像是思考區、思考椅之類的名稱。

決定好地點後，請由父母示範一次，可邊透過「只要亂丟東西的話，就要過來思考椅這裡坐著」的說明，邊向孩子模擬自己在思考椅的位置坐好的模樣。

執行暫時隔離法的適當時間，則是按照孩子的年齡區分。三歲的話約是三分鐘，四歲的話約是四分鐘。這個部分與孩子的專注力也存在關聯性，一旦超過這個時間，孩子很容易就會忘記自己的錯誤，並且開始想其他的事。建議可以事先準備好沙漏，以便孩子知道時間。

請預先告知孩子，當他們沒有遵守暫時隔離法的約定時，會有什麼後果；像是「如果你沒有在思考椅那邊坐好，或是提前離開思考椅的話，就要做雙手舉高的懲罰」等。

✪ 請使用簡短且堅定的指令

執行暫時隔離法時，建議使用簡短、堅定的指令：「我們有說好了，只要亂丟東西就要坐思考椅吧？你丟東西了，所以去坐思考椅。」在這句話中，只有「丟東西」、「思考椅」、「坐」三個詞彙而已，不需要其他說明。

有時，孩子可能會又哭又鬧、不肯坐好，無論父母再怎麼火冒三丈，還是會有些心疼，難免心軟而出現「既然孩子這麼不願意，有需要為了這點小事這樣懲罰他們嗎？」的想法。然而，暫時隔離法是給予孩子思考的時間，以及培養預測能力、自制能力的時間，請務必按照事先的約定，堅定地執行。

孩子可能會嚷嚷著「我不要！」，開始鬧脾氣，或是中途離開約定好的地點亂跑。這種時候，務必嚴格應對——嚴格與發脾氣之間，存在極大的差異。為人父母者若想樹立威嚴，發脾氣是絕對不可行的方式。請使用沉穩、心平氣和的語氣對孩子做出簡短的指示——「如果你離開位置的話，就把雙手舉高」。

✪ 請協助孩子集中注意力

暫時隔離法是一段學習時間，目的是讓孩子檢視自己的行為，並培養他們預測自我行為的結果、控制自我情緒與衝動能力。請為孩子準備好能安靜集中注意力的環境，假如執行暫時隔離法的周圍環境太過雜亂，自然效果不彰。請在期間關閉電視等，盡可能保持環境不要太過嘈雜。

✪ 完成暫時隔離法

等到約定時間結束後，請記得與孩子對話。告訴孩子：「你坐在思考椅的時候是不是覺得很難過？其實爸爸媽媽也很難過。」再給他們一個擁抱。如同前文所述，暫時隔離法是一種練習方式，因此也請在結束時，給予孩子複習的機會。請再次向孩子說明一次，為什麼他們必須去坐思考椅的原因：「爸爸媽媽可以理解你很生氣，但因為你亂丟東西，所以必須去坐思考椅。下次再生氣的話，不要亂丟東西，用說的，好嗎？」

暫時隔離法失敗的情形

善用暫時隔離法，當然會是個很好的教育方法，但也有不少父母意外地沒有以此獲得效果。如果仔細檢視這些父母嘗試過的暫時隔離法，不難發現其中存在一些錯誤的方式。

✪ 教養態度前後不一致

若已事先與孩子約定好執行暫時隔離法規範的行為，以及執行的時間、地點，但大人卻任意改變約定項目；那麼當下次在執行暫時隔離法時，孩子同樣也會試圖做出改變。一旦大人們對暫時隔離法的情況有所妥協，執行的原因自然就跟著消失，教育效果也會下降。

✪ 使用不符孩子發展程度的教導方法

對著年僅三歲的孩子詳細解釋：「只有壞人才會亂丟東西，如果你亂丟東西，就沒有人要陪你玩了。被東西打到的人，可能會因此受傷，所以你現在必須去坐思考椅。」等孩子聽完這一大串後，其實根本不知道自己到底該為哪種行為做出反省。最後，只是坐在思考椅上委屈地哭泣，或是觀察父母的臉色。

成功的暫時隔離法，必須讓孩子明白如何檢視、反省自己的行為，進而不在日後做出同樣的錯誤行為。換句話說，孩子要有辦法預測自己的行為與其結果，才能產生「不再做這件事」的自制能力。對於個性、年齡不同的孩子來說，這些預測能力與自制能力也不盡相同；因此，請使用孩子能理解的方式進行說明，讓他們明白自己應該矯正的行為是什麼。

✪ 孩子感覺焦慮不安

當父母一臉憤怒地對孩子咆哮：「你給我去暫時隔離！」他們只會感到無比不

安；於是，孩子在進行暫時隔離法期間，只會顧著偷看父母的臉色。

暫時隔離法的目的是為了矯正孩子的行為，而非對孩子發脾氣，甚至使他們感到丟臉。當親子雙方都處於情緒化的狀態時，往往會無法專注在真正需要矯正的行為，而增加暫時隔離法的失敗機率。

當孩子做出必須執行暫時隔離法的行為時，請盡量沉著、堅定地下指令。這種時候，不需要對孩子過度冷漠或冷淡。既然問題在於行為，而非討厭孩子本身，就該讓他們清楚父母的心思。

✪ 暫時隔離法規範行為模糊不清

若父母是以「做了沒禮貌的行為，就要去坐思考椅」的方式，模糊地訂定暫時隔離法規範的行為，其實孩子很難明確預測自己究竟不該做什麼行為。當站在孩子的立場思考，明明只是正當的表達方式，卻成了父母擅自定義的「失禮行為」時，滿腹委屈的孩子當然無法明白，自己到底該為了什麼而反省。約定暫時隔離法規範的行為時，建議是以彼此毫無異議為前提，越具體明確越好。

✪規範的行為項目過多

在錯綜複雜的叉路上設置過多的紅綠燈，有時反而令人混亂得不知道該如何遵循。同理，一旦暫時隔離法規範的項目過多，教育效果也會隨之降低——一至二項是比較適當的選擇。

✪當暫時隔離法反而成為獎勵時

假設，當弟弟向哥哥要求分享餅乾時，卻被哥哥一把推倒在地，導致弟弟嚎啕大哭。由於事前已約定好「只要推弟弟，就要執行暫時隔離法」，因此哥哥必須去坐思考椅，進行反省。雖然被要求暫時隔離是件難過的事，但若結束後，哥哥依然不必將餅乾分給弟弟，可以自己一個人享用所有餅乾的話，暫時隔離法就不是懲罰，而是獎勵了。

✪當暫時隔離法的時間與年齡不成正比時

孩子必須在執行暫時隔離法的期間，反省自己的所作所為，但孩子能專注思考的時間其實極為短暫，若暫時隔離的時間過長，孩子的注意力會因而渙散，開始想別的事，導致教育成效低落。

暫時隔離法的確認清單

- □ 是否事先約定好行為、時間與地點？
- □ 是否具體且明確地說明暫時隔離法要規範的行為？
- □ 規範的行為是否過多？
- □ 執行的地點是否適當？
- □ 執行的時間長度對該年齡的孩子是否適當？
- □ 說明的方式是否符合孩子的理解程度？
- □ 孩子是否因此感到焦慮不安？
- □ 暫時隔離法是否確實使孩子有所收穫？

第六章

自我調節能力第三階段：堅持、社會化、道德感與自我調節能力

當孩子準備踏入校園生活，額葉功能也會開始發展。
隨著計畫能力、執行能力、衝動調節能力、
元認知功能的快速成長，
孩子也正式進入培養「思考能力」的時期。

已屆入學年齡的孩子，這時該學會的「最重要的事」，不是努力達成學校的課業，而是透過校園生活，學習記住待辦事項、在固定時間內擬定計畫、對討厭的事也不會拖延以待、修正計畫、即使是微不足道的小事也要堅持到底……的方法等。

逐漸熟悉時間觀念的孩子，會開始練習在時間內完成作業，培養出即使處於喧鬧不堪的環境裡，依然有辦法集中解題的記憶力與專注力；因為考量到校規，所以選擇使用調解的方式，解決與他人的矛盾，進而提升社會化程度；面對自己喜歡的物品，也不會在沒有得到同學允許時任意觸碰或悄悄偷走；培養即使在氣頭上也不會動手的衝動調節能力……等。守規矩與善於體諒同學、按時完成自己本分的孩子，不僅學業成績表現較好，通常也比較受同儕歡迎。順利適應校園生活的孩子，自然就會產生自信並提升自尊感。

這一切與良好的讀書習慣也有所關聯。原因在於，耐心對待無趣事物的方法、面對令人厭煩的題目也能安撫自我情緒的方法、為了解決問題而發揮耐心與專注力的方法等，都有助孩子的學習能力。

這段時期的關鍵，在於協助孩子擁有正確的讀書習慣、耐心與社會化程度，以利日後能成為良好的社會一份子。父母採取單方面或高壓命令孩子的態度，對培養孩子的思考能力毫無幫助。即使不慎失誤或失敗了，父母也應扮演好與孩子對話的角色，確保他們在過程中能有所獲得。

20 無法專注於學業時

其實，世界上幾乎沒有任何孩子會打從一開始就喜歡讀書。對孩子來說，讀書既煩人又無趣，而且比這有趣的事實在太多了。當衝動調節能力較弱時，很容易就會被誘惑、分心。

世上不存在可即刻自主、做得盡善盡美的孩子，他們需要大人們協助移除伸手可及的玩物，培養抵抗誘惑的力量、賦予讓讀書變得沒那麼無聊的動機等。為此，必須引導孩子重複熟悉專注的方法，以及克服艱困學業後獲得的成就感，如此一來，孩子便能越來越專注於學習。

父母常見的錯誤

❖ 妨礙孩子學習

專注力是需要培養的，專注力尚顯不足的孩子，相當容易因為周圍環境的細微變化而分散注意。就算大人們只是悄悄偷看一下孩子在做什麼，對他們來說也是種妨礙。當孩子專注學業時，在他們身旁閒聊或使用手機玩遊戲、開電視等，當然也都是妨礙學習的因素。

❖ 隨意增加學習份量

當「距離攻頂還剩十分鐘」，自然可以繼續撐到最後一刻。然而，當無論再怎麼努力都看不見盡頭時，想放棄的念頭就會越來越急切。「完成討厭的學業就可以盡情玩一陣子」的規則，對孩子來說，絕對可以成為專注學習的動機。當孩子昨天花了四十分鐘寫好約定的作業，今天只花了二十五分鐘就完成時，父母卻說「再寫一頁才可以玩」，他們就會立刻失去動機，專注程度也會隨之下降。

請這麼做

❖ 清除可能成為誘惑的事物

孩子很難抵抗誘惑。請為他們清除散落在書桌周圍的科技產品、玩具等。若能一併清除可能分散孩子注意的噪音，或吸引他們目光的東西，自然是再好不過了。

❖ 讓孩子學習適合他們程度的東西

近來有許多人都會進行學前教育，盡早多學習一些東西確實重要，但對尚未掌握學習模式的孩子而言，程度過高的學習，並無法對培養專注力產生任何幫助。當學習份量太多時，當然也會變得更難專心。請確認孩子學習的內容，是否符合他們平常的程度。

❖ 請賦予孩子適合的動機

孩子對預測未來的能力尚未成熟，對他們來說，找一份好工作、成為一個優秀的人，都是太過遙遠與模糊的目標，自然無法成為他們今日的學習動機。如果想讓孩子專注於完成今日的學業，首先得要賦予他們適合的動機。

獎勵也不是好的動機，像是「完成作業就准許打電動」的獎賞，就十分不適當。原因在於，孩子會基於想快點打電動的欲望，隨便完成作業；金錢或其他物質獎勵，同樣不是好的動機。

讓孩子在做自己理應完成的作業時，內心會期盼從父母身上得到報償，才是最好的方式。因此，請在孩子完成指定的作業後，給予他們足夠的稱讚與關心。引導孩子蒐集貼紙，然後再在累積到一定數量後，一起陪伴從事他們想要的活動，或許是個不錯的選擇。

21 無法自主學習時

獨自學習，是件極為需要自我調節能力之事，必須同時具備懂得計畫應該在何時、何地、完成多少份量、如何進行的能力；當然也需要不拖延、按時完成學習計畫的執行能力；若要戰勝遊戲、影片等五花八門的誘惑因子，也要有衝動調節能力才行；若想於指定時間內有效率地完成作業，則需要懂得監督學習方法與修正計畫的元認知能力；全心貫注於目標而不為任何事分心，需要的則是作業記憶力。

孩子的計畫能力、執行能力、衝動調節能力、作業記憶力、元認知能力等自我調節能力，皆處於尚未成熟的階段。因此，自然也不可能會有一開始就懂得自動自發計畫與進行學習的孩子。循序漸進地配合孩子的能力，並協助他們慢慢學會自主學習的訓練，顯然不可或缺。

父母常見的錯誤

❖漫無目的地命令孩子「去讀書！」

對從未有過讀書經驗的孩子來說，就算想要學些什麼，也根本不明白該怎麼做才對。明白「讀書」這件事是什麼、該如何讀、該讀多少、怎麼擬定讀書計畫等，光是這些事本身就已經夠難了，假如還無條件地要求孩子「去讀書！」，只會讓他們更加不知所措。

❖勉強要求孩子執行不符他們程度的學習

給予孩子太艱澀或份量過多的項目，只會讓他們失去對學習的興趣，促進自我調節能力發展的動機，也會因此消失。若孩子不願意進行父母單方面要求的艱難或大量作業，我們就大發雷霆，孩子就會漸漸覺得「學習」是件討厭、無聊的事。學習，終究需要懂得自主思考的力量。此外，若只能做他人指定的內容，當然也不可能獲得什麼成就感。

請這麼做

❖在一開始時與孩子一起訂定計畫

計畫，是學習的開始。請練習與孩子一起坐下來擬定何時、如何，以及學習些什麼內容的計畫。例如：「我們先來學數學和國語，一天寫兩頁數學題和讀一本薄的童話書，你覺得怎麼樣呢？」

請務必百分百回應孩子的意見，接著，慢慢引導孩子自主擬定計畫。對於作業記憶力不成熟的孩子而言，即使擬好了計畫，也有可能在轉眼間忘記。因此，不妨將計畫簡略地寫下來，然後貼在顯眼處，提醒孩子不要忘記。

❖試著找出改善孩子缺點的方法

為了培養孩子懂得自主學習，必須配合數種自我調節能力的發展。只是，這些能力並非皆以相同的速度發展。有些孩子雖然很會計畫，卻不太擅長執行；有些孩子雖然在衝動調節的部分做得很好，作業記憶力卻相對低落。

請觀察孩子讀書的模樣，藉此掌握他們的優、缺點，進而協助他們發揮優點與改善缺點。舉例來說，假如是善於計畫卻不太會執行的孩子，不妨引導他們設定鬧鐘，在指定的時間實踐計畫；假如是因為作業記憶力不佳而經常忘東忘西的孩子，也可以幫助他們嘗試把待辦事項一一寫下來。

❖讓孩子學習適合他們發展程度的內容

學習時，請給予適合孩子發展程度的內容。假如是專注力比較差的孩子，減少單項作業的份量，會是個不錯的方式；不妨將一口氣完成十頁數學習題，改成五頁數學習題與五頁國語習題。

❖與完成學習的孩子進行對話

若想在學習方面有好表現，清楚自己正在做什麼，與找出更好方法的元認知能力便相當重要。請與完成學習的孩子聊一聊，他們今天學了些什麼內容，像是透過「今天學得怎麼樣啊？」的提問，了解他們是否有覺得無聊、困難的部分，或在執行計畫時遇上什麼困難、專注程度如何等；試著聽聽孩子的真實想法，如此一來，也能協助孩子重新檢視學習方法，試著發展思考是否存在更佳方法的能力。

22 討厭上學時

隨著孩子進入小學，生活也開始需要遵守稍微嚴格的規矩了。像是每堂課四十分鐘、下課休息十分鐘，以及在固定的時間團體用餐、上學與放學，藉由上學與放學時間、團體用餐時間、上下課時間等，孩子會逐漸熟悉時間觀念。

無論樂意與否，他們都得在這段過程中認識新朋友，學習與他人融洽相處，以及遵守順序與禮讓、忍耐的方法。當對方討厭自己的玩笑時，必須懂得忍著不再做類似的行為；即使自己想搶先一步，也得懂得排隊等待。孩子在學習忍耐、退讓、體諒的行為時，也會漸漸熟悉社會性。

此時，孩子也會開始寫「聯絡簿」，透過撰寫的過程，整理好自己的一天，接著擬定隔一天的計畫。回家後，再照著聯絡簿處理作業、準備需要的東西。

對孩子來說，「學校」是全新的挑戰

當孩子開始小學生活後，會對許多事物感到焦慮不安。像是害羞的孩子，很難融入陌生的團體，也會害怕與恐懼被老師責備……要讓校園生活順利進行，自然需要控制不安情緒，與願意面對嶄新事物的勇氣。

小學校園，是孩子們正式開始培養自我管理能力的地方。若想好好適應小學生活，與其他孩子和平相處，必須具備以下的能力：

- 時間觀念
- 預測、計畫、準備未來的能力
- 等待、體諒、禮讓的能力

對孩子來說，適應小學生活的過程，就是一個巨大的挑戰，也是培養自我調節能力的絕佳機會。

必須將校園生活視作成長機會的原因

校園生活是孩子成長的機會，當然也可能成為一大危機。

試著想一想因為沒有時間觀念而老是遲到、早退，結果等到下一堂課開始時，依然在教室外遊蕩的孩子；或因為沒有完成功課或準備好所需物品，而被老師責備的孩子；不懂得遵守順序與禮讓，甚至因此與其他孩子起衝突或遭受排擠的孩子……簡單來說，缺乏自我調節能力的孩子，將很難適應校園生活，上學當然也因此變得無趣。長此以往，孩子就會開始討厭去學校。

能順利適應校園生活的孩子，在成長歷程就再度邁出了一大步；我們必須協助孩子在好好適應校園生活的同時，培養自我管理與調節能力。

父母常見的錯誤

❖ 無緣無故幫孩子請假

當孩子抗拒上學，意味著那裡存在什麼令他們感到不適的對象。如同前文所述，由於孩子適應校園生活的自我調節能力尚未成熟，所以請假不去學校，並無助於發展自我調節能力，問題更不會因而消失。無緣無故不讓孩子去學校，等同於連帶沒收了培養自我調節能力的機會。

❖ 為此發脾氣或責備孩子

即使孩子不喜歡去學校，也請不要對他們發脾氣，這麼做不會讓原本缺乏的自我調節能力突然出現。此外，當然也不要因為沒有寫好聯絡簿、與同學爭執而加以斥責。孩子對處理問題的方法仍十分陌生，還有很多無法獨立處理的事，不分青紅皂白地對他們發脾氣，沒辦法起到任何幫助。

❖ 放任孩子獨自面對

孩子暫時還沒有獨立面對一切的能力。起初，他們沒辦法獨自發揮自我調節能力，這是必須依靠父母的協助，才能慢慢成長的部分。因此，千萬不可以「為了培養孩子獨立」，而要求他們獨自面對。

請這麼做

❖ 找出孩子抗拒上學的原因

先詢問孩子不喜歡去學校的原因。當孩子坦白說出想法時，請先耐心聆聽與同理，再一起找出解決方法。有時，孩子不一定能明確說明自己不喜歡去學校的原因。這種時候，父母必須試著了解孩子在學校的情況，從中找出原因。

首先，請仔細檢視孩子的校園生活，了解課程安排情況、孩子喜歡與討厭什麼活動、與導師和同學間的關係如何等，確實掌握孩子的校園生活，尤其是關於缺乏什麼能力、需要加強的能力等。

❖ 根據不同原因，準備不同解決方法

掌握原因後，便可以集中培養孩子不足的部分，並在成長過程中格外留心，給予多面向的協助。舉例來說，當孩子無法自主準備好課堂所需物品時，父母不妨加倍仔細地看一看聯絡簿，協助他們準備。此外，也可以先看一看課本內容，預先讓孩子接觸相關書籍；或是詢問導師，能否安排孩子坐在善於協助他人的同學旁邊等。

❖ 專注在孩子身上

了解孩子不擅長哪些部分，以及可獨立完成哪些部分後，配合程度給予適當協助。若想好好了解孩子，需要更多的專注與觀察。在手忙腳亂的清晨，自顧不暇的父母往往會因而無意識地對孩子大吼大叫，像是「我叫你快點吃飯、刷牙，然後穿好衣服」之類的指令，對孩子來說其實相當困難。此時，請稍微靜下心，專注在孩子身上，引導他們慢慢地一項、一項完成。

晚上看聯絡簿、準備功課與課堂用品時，也是一樣的道理。如果好好觀察孩子，自然就能得知他們可以自主完成的事，以及需要協助的部分為何。隨著需要幫忙的部分逐漸改善，孩子能自主完成的事也會越來越多。

❖ 減少孩子焦慮不安的情緒

假如孩子對學校感到恐懼或不安，請務必找出能減緩情緒的方法。像是陪伴孩子上學、放學，或是讓他們在下課時間打電話給父母等。此外，也可以利用手指玩偶，進行角色扮演的遊戲，與孩子一起練習如何克服對學校或同學的不安情緒。

23 無法專注且容易分心時

看在父母眼中，孩子總是散漫得不得了。叫他們去整理書桌，結果整理到一半竟拿起色鉛筆開始畫畫、玩耍；原本在算數學題，結果一見到眼前的組合玩具，又不知不覺開始伸手觸摸。對孩子來說，新奇的事物實在太多了，自然也會忍不住注意這些五花八門的東西。即使對父母來說是無趣、微不足道的小物品，也能讓孩子相當感興趣。

當孩子玩東玩西時，其實也是在發揮各種能力。相較於只顧著重複玩一樣東西的孩子，擁有多樣玩樂經歷的孩子更為健康。分心，即是多樣化，不需要百分百改正，也不需要非得一直只專注於某一件事。對孩子來說，重要的是擁有在「需要專注時」可以表現專注的能力。

必須培養專注力的原因

必須培養專注力的原因，不單純只是為了培養讀書頭腦而已。孩子在玩樂的過程中，也會學會許多事——即便是為了玩得夠盡興，也需要專注力。如果是在五分鐘內換十種玩樂方式的孩子，很難透過遊戲促進腦部發展。無論是透過玩樂的學習，或是關於學業的學習，專注力皆不可或缺。當專注力開始發展後，其他能力也會隨之增長。

專注力可以大致分為兩類。一種是關於「興趣」的專注力，另一種則是關於「努力」的專注力。面對有趣的事時，任何人都能輕易地集中注意力，此時不妨試著靜靜觀察孩子玩耍的模樣。無論再怎麼容易分心的孩子，在對著自己喜歡、有興趣的東西時，也能長時間專注。

然而，關於「努力」的專注力可就不同了。面對自己討厭、沒興趣的事也能下定決心、專注投入，這就不是每個人都能輕易做到的事了；對於意志力薄弱的孩子來說，更是艱難。若想專注於沒興趣的事，需要更多的訓練，當額葉發展得越完整，就更能忍住不做自己想做、想玩的事，並專心在自己應該要做的事上。

假如是無法專心的孩子，可以先試著引導他們更長時間地專注在感興趣的事，再慢慢協助他們發展「關於努力的專注力」。

父母常見的錯誤

❖ 拿孩子的專注力與成人比較

孩子的大腦發展尚未成熟，相較於成人的專注時間當然比較短。再加上，要求他們做不感興趣的事時，也無法專心太久。所以，請不要拿孩子的專注力與成人比較，藉此斷定他們不專心。

❖ 因為孩子不專心而予以責備

遭受責備時，孩子會變得焦慮不安，自然更無法專注。被狠狠教訓一頓後，孩子雖然會清楚記得自己被教訓了，卻往往記不得為什麼被罵——結果就是既挨了罵，又不記得學到什麼。在愉悅狀態下學到的東西，想必才能記得更清楚吧？再加上，壓力賀爾蒙會妨礙孩子的額葉發展。因此，若因為孩子無法專心而予以責備，只會對他們的發展造成二度、三度的傷害。

請這麼做

❖ 試著與同齡孩子比較

如果拿孩子的專注力與成人比較時，孩子的表現當然不夠好。不妨試試與同齡孩童進行比較。假設其他孩子的專注力也差不多的話，代表不是自家的孩子特別容易分心，而是這個年齡層的專注程度即是如此。

❖ 試著觀察多樣的情況

喜歡塗鴉的孩子，勢必能在塗鴉時表現得十分專注；然而，同一個孩子，如果討厭玩球的話，一定很快就會對玩球表現出不耐煩的態度。其實，玩球時的不專注，正等同於塗鴉時的專注。根據孩子的喜好、性格、興趣，自然會在某些情況表現得特別專注，某些情況則否。只要在多樣的情況下仔細觀察孩子的表現，即可得知他們究竟是經常性的分心，抑或是僅在某些特定情況下，變得較為難以專注。

❖ 試著調整周圍環境

孩子的專注力會隨著情境改變，即便是專注力很好的孩子，也很難在容易分心的環境專心。請確認包含孩子房間在內的住家環境，是不是容易令人分心的空間。當房間存在太多無用的雜物時，其實連成人都有可能因此感到不適。不妨稍微整理一下不常玩的玩具、不讀的書籍、不穿的衣物，通通都清理乾淨。

另外，也請一併清除周圍環境的噪音——請勿要求孩子在開著高分貝電視的地方讀書。外在刺激越少，越利於專注；我們必須藉由調整周圍環境的狀態，協助培養孩子的專注力。

❖ 以昨天的孩子作為比較基準並給予讚賞

當孩子昨天花五分鐘讀書，今天卻讀了六分鐘時，請試著以「你比昨天專心很多喔！」等方式稱讚他們；與其他孩子比較，絕對不會有任何幫助。只要孩子能比昨天更專注些，就意味著他們的專注力確實有所成長。

24 吵著要換同學時

孩子越年幼，無法獨立完成的事情越多。嬰兒連天氣冷時、肚子餓都無法自理，在面對感覺不適的事物時，只能靠著大哭或大叫傳遞「我不舒服」的信號；如此一來，父母自然會出面解決問題，根據孩子的需求，轉換適合他們的環境。當孩子感覺寒冷時，父母會為他們穿上衣服；感覺飢餓時，父母會餵他們吃東西。藉此，孩子逐漸累積對父母與世界的信任感，慢慢長成情緒穩定的幸福孩子。

然而，只要孩子一哭鬧就為他們處理好所有事的行為，究竟對不對呢？父母有辦法一直扮演這種角色嗎？為人父母者，甚至連天上的星星也想摘下來給孩子——但，這是可行的嗎？當孩子越長越大後，一定會出現父母無法代替解決的事，那時要怎麼辦呢？

孩子必須學會「總有一天得靠自己」

當孩子面臨危機時，為人父母者理所當然會想拯救他們。萬一孩子被鄰座同學欺負，父母第一時間想到的，自然也會是保護自己的孩子。此時，父母可能會去拜託導師，為孩子更換鄰座同學——至此，一定有人會想：「我想保護孩子，不讓他們受傷，這不是很自然的事嗎？有什麼問題？」

孩子在與其他人相處的過程中，其實可以學到不少事。除了融洽地玩在一起之外，也能學習在面對矛盾情況時，該如何做出調整。孩子暫時還不懂得調解矛盾以及與他人和平共處的方法，所以的確有可能會對整天坐在身邊的同學感到不滿意。只要一對隔壁同學產生反感時，就立刻覺得渾身不自在，並且提出更換座位的要求。

危機就是轉機。藉由學習與隔壁同學和平相處的方法，孩子也能明白當面對矛盾情況時該如何調整自己。假如孩子缺乏適應能力的話，自然得為他們更換座位。只是，若想培養孩子的適應能力，幫助他們重新學習如何與同學和平相處，或許是更好的做法。

父母常見的錯誤

❖無視孩子說的話

當孩子述說著自己因為鄰座同學而感到難受、不滿時，請不要當作耳邊風。看見父母對自己的痛苦表現出不在乎的態度時，孩子勢必會為此感到挫折。甚至可能因而認為父母對自己不關心，或是默默產生一切都是因為自己不夠好的自卑感。

❖責備孩子

當孩子述說著自己對鄰座同學的不滿時，請不要使用「就是因為你太自私了才會那樣」等方式責備他們，孩子可能會因此對不願理解自己的父母萌生埋怨的情緒。一但孩子開始有了「就算和父母說了也不會有什麼幫助，而且還只會被罵」的念頭後，此後即便遭遇任何困難也會選擇閉嘴不提。此外，單憑責備絕對無法培養孩子的自我調節能力與衝突調解能力。

❖ 無條件向老師要求更換座位

孩子一有不滿，父母就立刻衝去學校要求導師換座位的行為，並不正確。如此一來，只會讓孩子失去藉由與鄰座同學的矛盾，培養自我調節能力的機會。

請這麼做

❖ 請先傾聽與同理孩子的經歷

當孩子對鄰座同學有不滿時，不妨先試著認真聽一聽他們的想法。光是「認真傾聽」的行為，已經足夠讓孩子明白父母對自己的關心，並且在內心產生「父母支持我」的踏實感。與其急著提出解決方法，同理孩子的經歷才是首要任務。請使用「一定覺得很累吧？」的方式，好好同理孩子的難處。

❖ 請試著了解鄰座同學的情況

仔細聽完孩子的說法後，請試著向導師、同班同學、學生家長等打聽情況。嘗試透過不同的管道，了解關於鄰座同學的資訊，例如：這位同學究竟是什麼樣的孩子、是否只欺負自己的孩子、是否也會對其他同學做出類似行為、通常是為了什麼問題與自己的孩子起衝突等，盡可能客觀地蒐集情報。

❖ 請嘗試製造與鄰座同學和平相處的機會

如果已經充分了解關於鄰座同學，以及孩子與鄰座同學的關係，便可以向孩子提出具體的解決方法。明確地告訴孩子，像是在鄰座同學經常開自己玩笑時、未經允許就拿走自己的東西時等各種情況下，他們究竟該如何應對。有時，也可以透過角色扮演的方式，試著練習一下應對方法。

❖ 更換鄰座同學不是一件失敗的事

當鄰座同學有嚴重的暴力行為，或欺負人的程度已超越可以忍受的範圍時，更換座位即是方法之一。請勿要求尚未準備好的孩子，進行不合理的調適與忍耐。當然，也不必為了更換鄰座同學的事，定義為孩子適應失敗，甚至為此感到灰心、憂慮。對孩子來說，可以學習的機會還有很多。等到下次再遇上類似的問題時，稍微長大些、適應能力自然也向上提升的孩子，或許已學會該如何解決彼此間的矛盾了。

待孩子準備好了，再根據其程度調整他們的適應能力，才是好父母該扮演的角色。

25 已經做好飯卻吵著要吃炸雞時

如果能在想吃某樣東西時如願以償，還可以盡情享用，無疑是人生一大樂事。哺乳或餵奶的過程，也會讓嬰兒與餵食者之間形成強烈的親密感。進食不僅是為了存活與成長，更重要的是能幫助親子建立健康、幸福的依戀關係。

等到稍微長大的孩子，能開始吃副食品與更多樣化的食物後，他們就會運用雙手邊揉捏食物邊吃，或是固執地拿著根本不知道用法的叉子，把食物撒得周圍亂七八糟。藉由決定與嘗試「怎麼吃？」的過程，孩子的自律性也會隨之成長。而孩子在幼兒期的進食行為，基本上是源於本能，所以暫時沒有對他人的體諒與禮儀。

當孩子得在托兒所、幼兒園或學校吃點心或團膳餐點，便不能再按照本能吃東西了。孩子必須學會在固定的時間內，使用固定的方法，吃掉固定的食物，並透過這件事，明白哪些是進食時可以與不可以做的行為。如此一來，即可漸漸培養他們的自我調節能力。

藉由一起吃飯的時間，培養自我調節能力

一旦缺乏關於「吃」的自我調節能力，危機很快就會找上孩子。因為不喜歡吃而鬧脾氣、用手抓食物等行為，都可能因此讓孩子變成其他人嘲笑的對象；將食物撒得到處都是、吃得太慢，也都會成為問題。

孩子想吃什麼就給他們吃什麼，是所有父母都想盡力做到的事。只是，放任孩子隨意吃東西，這樣好嗎？死命堅持著只吃自己想吃的東西的孩子，其實是缺乏自我調節能力的表現。因此，請藉由一起吃飯的時間，培養孩子的自我調節能力。

父母常見的錯誤

❖ 過度堅持以父母為主的飲食安排

無論是時間或餐點，都請不要只按照父母的想法安排。突如其來地喊了聲「吃飯了！」，就莫名其妙催促著原本玩得正開心的孩子「為什麼不快來吃飯？」的行為，將很難培養孩子預測用餐時間與控制時間的調節能力。

❖ 衝動決定菜單

假設父母之中的某一方用心準備了晚餐，而另一方卻因不想吃而決定自行點外送，那麼目睹這一切的孩子，將會學到什麼？當孩子看見父母懂得為準備餐點的人著想並予以尊重的模範時，自然就能培養他們體諒他人的心理。

請這麼做

❖請與孩子一起決定菜單

當父母總是單方面決定所有菜單的話，孩子難免會因為無法反應自己的意見而對此感到不滿。如果孩子很喜歡吃炸雞，不妨事先與孩子討論與決定吃炸雞的日子吧！意見受到尊重的感覺，能有效提升孩子的自尊感。

❖事先約定好關於用餐的規矩

每次提起「餐桌教育」時，是否會浮現與孩子一起吃飯時，父母嘮叨、訓話的討人厭畫面？然而，真正的餐桌教育，應該是全家人一起決定用餐模式，並為了遵守該模式而願意互相體諒的過程。舉例來說，藉由盡可能在事先約定好的全家人用餐時間前，結束手邊動作的行為，即可提升孩子的自我調節能力。

邀請孩子一起參與準備餐點的過程，也是很好的選擇。不妨將擺放湯匙與筷子、水杯的工作，交由孩子負責吧！當持續請求孩子的協助，並且在他們確實做好時給予大力稱讚，孩子自然會相當樂意在用餐時間前結束玩樂的動作，好好完成自己的任務。在不知不覺間，我們就培養了孩子的自制力、責任感，以及計畫與執行的能力。

❖ 以始終如一的態度遵守全家人約定好的規矩

一旦制定了屬於全家人的規矩後，盡可能遵守約定會是比較好的做法。如果老是根據父母的心情，改變用餐時間或菜單，孩子很快就會有樣學樣。關於約定好的時間與地點、活動等，請盡量保持一致的態度，並在孩子確實遵守約定時，予以讚賞。

❖ 確實遵守約定

假設今天的餐點已經做好了，但孩子當下真的很想吃炸雞的話，不妨試著與他們一起決定下次吃炸雞的日子，也請父母務必遵守約定。即便是一開始表現出強烈反抗態度的孩子，也會在父母每次都能確實遵守約定後，逐漸減少鬧脾氣想吃其他食物的衝動。

26 吵著要買高價名牌時

與父母一起前往賣場的孩子，總是吵鬧著要買玩具。當父母告訴孩子「昨天已經買過了，今天不能再買」時，如果他們願意欣然接受，當然是再好不過——但實際上卻事與願違，孩子開始耍賴、大鬧，甚至躺在賣場地上放聲大哭，的確是相當令人難堪的景象。

父母應該都曾經歷過幾次這種情況，只是程度稍微有所不同罷了。該買給他們嗎？還是不該買給他們呢？這次買了，下次又一樣的話要怎麼辦？父母的心情十分複雜。

隨著孩子日漸長大，他們的欲望也會越來越大。當孩子的年齡漸增後，期望得到的東西的金額也會開始變高。最後，甚至會出現父母難以負擔的情況。

孩子想要的東西越來越多，也是成長的一部分。這件事本身並不是個問題，問題在於控制日漸膨脹的欲望的自我調節能力，並未同時提升。

為什麼要培養孩子控制欲望的能力？

年幼時的孩子，願望通常也都很簡單，像是在住家附近的文具店、賣場就有的三、四十元玩具或小零食等，不用考慮太多就能買給他們。只是，如果孩子想要的是兩、三萬元的玩具、手機或名牌服飾的話，又該怎麼辦？

不少父母都曾因家境貧寒而經歷充滿挫折感的童年，他們也發自真心地希望孩子不要再經歷一樣的煎熬，所以總是盡可能滿足孩子的所有願望。在這種情況下成長的孩子，往往會變得缺乏自我調節能力。只要想要任何高價的玩具、科技產品、名牌服飾等，就算自己沒有錢，也會想辦法借錢，甚至透過竊盜的方式，得到自己想要的東西。

另一種類型的父母則是打著「為了培養孩子忍耐度」的名義，連花費二、三十元的小事，都得由父母一一作主。一旦孩子進行未經父母同意的消費時，便不分青紅皂白地責備他們。在這種環境成長的孩子，面對同齡孩子都已能輕易作主的事，也會無法自主決定，而長成一個事事都得謹慎請示父母才敢下決定的人。

隨著孩子的欲望越來越強，自我調節能力也得同時進行提升才行。否則的話，孩子可能會陷入更大的危機，請務必協助他們培養自主控制欲望的自我調節能力。

父母常見的錯誤

❖ 總是想完成孩子的所有願望

假如孩子想要的每一樣東西，父母通通都買給他們的話，孩子便很難在成長過程中體悟何謂「不足」。儘管當下無法輕易斷定好壞，但等到孩子再長大一些時，勢必衍生出更多問題。再怎麼有能力的父母，也不可能百分之百滿足孩子的所有願望；缺乏自我調節的能力，終有一天會讓孩子嚐到更大的苦果。

❖ 連雞毛蒜皮的小事都得為孩子決定

請不要連孩子想做的瑣碎小事，都試圖一一控制。孩子需要懂得自主控制自己需求的能力，因此，必須給孩子親自決定，並且為該決定負責的機會。

請這麼做

❖ 請協助孩子決定支出，並為此負責

請試著從小額開始協助孩子管理金錢。普遍來說，零用錢的金額會根據孩子的年齡、家庭狀況等因素而有所差異。如果很難決定零用錢的金額，不妨先試著記錄一下兩星期間為孩子支出的金錢狀況，稍微計算他們在這段時間內要求父母購買的零食或小玩具等，大概需要花費多少金額。接著，再將這個金額平

均換算成每天的零用錢。舉例來說，假如孩子兩星期內花費約三百元的話，每天就可以給他們二十五元的零用錢，讓他們可以自由使用。

起初，孩子可能因為太興奮而一口花掉所有的錢，然後又在轉眼間對花了二十五元買到的玩具感到厭煩，或是在玩具壞掉時後悔自己浪費錢。此時，即可使用「如果當初沒有買那個玩具的話，之後說不定就可以買到更好的東西。從下次開始，可以在買玩具時多想一想，你覺得怎麼樣？」等方式，與孩子聊一聊。像這樣持續重複的引導，便能讓孩子慢慢懂得自主決定金錢的使用方式，並透過一次次累積的經歷，學習耐心使用更大額金錢的方法。

❖ 請引導孩子存零用錢購買高價物品

孩子有時也會想買些高價卻不是必要的物品，這種時候，請告訴他們「等你存夠了零用錢就可以買」。雖然有些高價物品，可能是怎麼存也不可能存到的價位，但只要再加上逢年過節、兒童節、生日……等各種節日的紅包，就可以順利購買想要的東西了。即使只是個孩子，他們也會經過再三思考，才會決定該如何使用自己辛苦存到的錢。如此一來，他們的節制能力與衡量價值的能力，也會隨之成長。此外，當孩子終於使用自己儲蓄的錢買到想要的東西時，也能因此獲得滿滿的成就感。

❖ 當孩子懂得有計畫地使用零用錢時，也可以提高他們的零用錢額度

對於一有錢就全部花光光的孩子來說，就算提高零用錢額度，也很容易覺得不夠用。相反的，如果孩子懂得儲蓄零用錢來買想要的東西時，不妨可以提升他們的零用錢額度，或改為每週發一次；當孩子必須管理更高額的金錢時，自然能藉此培養控制自我欲望的自我調節能力。

27 竊取別人的物品時

年幼的孩子可能因為不懂得區分自己與他人的物品，而隨意地將別人物品帶回家。只是，身為一名理應懂得區分自己與他人物品的小學生，應該已清楚了竊取他人物品是不正確的行為。既然如此，他們依然會出現竊取他人物品行為的原因是什麼？

原因可能出在情感匱乏或情緒不安，簡單來說，其竊盜行為可能源於心理的空虛。有時，可能是因為自尊心低落，導致他們認為「只要不挨罵就好」而出現竊取的行為；有時則是因為無法透過正確的方法吸引大人的注意，所以想利用竊盜行為引發關注。此外，也可能是當下無法克服眼前的誘惑，因此才會在一時衝動之下偷東西。

除了單純的竊盜行為外，偶爾也可能是因為不知道該如何擁有該物品，所以才會選擇使用竊取的方式。無論理由為何，都必須盡快矯正錯誤的行為。

必須透過即時且徹底的介入，杜絕孩子再次出現偷竊行為

由於孩子的耐心不足，且缺乏對自我行為導致的結果之預測能力，才會出現因為一時衝動而竊取物品的行為。不是所有孩子都會「細漢偷挽瓠，大漢偷牽牛」，大部分都是小時候一、二次偶發事件而已。不過，若想讓這些「偶發事件」盡快落幕，必須仰賴大人即時且徹底的介入，協助孩子培養自我調節能力，以免再出現類似的竊盜行為。

父母常見的錯誤

❖ 因為同情，而選擇睜一隻眼閉一隻眼

當孩子因為情感匱乏、情緒不安的原因而竊取物品時，有些父母會基於歉疚或憐憫的心理，而選擇假裝沒發生過；然而，這麼做只會讓孩子理解成「下次再覺得心情難過時，偷點東西也無所謂」的錯誤觀念。再怎麼同情孩子，也務必先讓他們清楚「偷竊」是個錯誤行為才行。

請這麼做

❖ 立刻協助孩子負起責任

請協助孩子將偷來的東西物歸原主，並向對方道歉。假如是透過不正當的方法取得該物品時，也務必要讓孩子確實了解，這樣的行為最終會導致自己陷入窘境的事實。如此一來，孩子才會記得下次再見到自己想要的物品時，必須控

制自己絕不可以採取竊盜的方式。

❖引導孩子預測行為結果

請與孩子聊一聊關於竊盜行為可能衍生的後果，像是「東西不見的人一定會很難過」、「同學們不喜歡和偷東西的人一起玩」、「下次有人不見東西時，可能要承受變成頭號嫌疑犯的委屈」等，引導孩子藉由預測自我行為的結果，培養控制衝動的能力。

❖成為孩子的模範

比起父母的話語，孩子更容易學習的是父母的行為。當父母出現不正確的行為時，孩子通常都會立刻有樣學樣。請讓「只要是他人的物品，就算只是一枝筆也要物歸原主」成為生活的日常，孩子也能藉此學習何謂正直。

❖請讓孩子明白，如何透過正當方式得到自己想要的物品

當除了「偷竊」以外，沒有其他方法能得到想要的物品時，孩子自然很難戰

勝誘惑；因此，請告訴他們何謂正當的方法。舉例來說，可以教導他們善用自己存的零用錢購買、向大人要求生日或兒童節時的贈禮、以物易物、二手購物等方法。

❖ 請培養孩子的自尊感

只採取「責備」的方式，會造成孩子的自尊感低落，而自尊感又會成為行為的基準。於是，受到稱讚的孩子會因為期待再次獲得稱讚，而做出正確的行為；老是挨罵的孩子，則會萌生「只要不被抓到，做點錯誤的行為也無妨」的想法。高自尊感會阻止孩子誤入歧途，因此平常請多給予孩子關注與稱讚。

28 交到壞朋友，受到教唆時

仔細檢視那些容易被朋友唆使的孩子，基本上可以分為三種類型：

第一種，因為憂慮自己可能因為不答應要求而遭到排斥，或是對拒絕別人感到不安的孩子；這種孩子大多擁有較低的自尊感。

第二種，不善於溝通的孩子；尤其是獨生子女，更傾向出現不懂得處理與其他孩子發生的矛盾。面對笑著說出否定話語的人時，這類孩子往往會認為對方不是真的在表達否定。

第三種，難以抵抗誘惑的孩子；若朋友在做功課做到一半時，提議一起出去玩，這種孩子就會立刻跟著跑出去。當朋友提議一起打電動時，他們也會立刻上線。換句話說，即是會忘記自己原本正在做的事、應該做的事，而緊緊跟隨朋友的類型。

當見到孩子總是隨朋友的意見、指令起舞時，父母難免會覺得有些不知所措。有時，也會不明白孩子為什麼不懂得果斷拒絕無理的要求、堅持自己的主張，而感到無奈。

不想隨他人起舞，首先得具備自我調節能力

孩子尚不太懂得處理恐懼、不安等情緒的方法，也不太熟悉該如何正確表達自我主張，對於抗拒誘惑、專注的能力也很不足。前文提及的三種類型，通通都是缺乏「對自我情緒、行為進行確立目標與確實執行的自我調節能力」的孩子。唯有培養自我調節能力，孩子才能懂得明確地擁有自我主張，並且毫不動搖地朝著目標勇往直前。

父母常見的錯誤

❖ 輕率地介入

一看見孩子受人擺布的模樣，為此感到傷心的父母有時會要求孩子即刻與朋友斷絕往來，或是直接找上孩子的導師，提出與那些孩子隔開的要求等介入其中的方式。當孩子是受人威脅或其他嚴重的情況時，確實該這麼做，但若不是這種情況，首先應該要透過孩子來解決這個問題。請先培養孩子的自我調節能力，然後引導他們自主解決與擺脫這樣的情況。

❖ 對孩子發脾氣

像是「你為什麼整天只會聽別人唆使？」之類的責備，對孩子毫無幫助。原因在於，孩子就是因為不知道方法才會這樣，此時，培養孩子自主克服的能力才是當務之急。

請這麼做

❖ 讓孩子知道「拒絕也沒關係」

自尊感低落的孩子，有時是因為害怕「拒絕」會導致對方討厭自己。因此，請經常向孩子表達「你已經是個很棒的孩子了」、「你擁有被愛與尊重的價值」，平常也請多對他們表達愛與關心。當自尊感高的孩子面對不當待遇時，他們便能輕易地說出：「不！」

❖ 以具體的方式告訴孩子

不善於明確表達「不要」的孩子，其實比想像中來得多。比起單單告訴孩子「不想的時候就說『不要』」，告訴孩子具體的方法並協助他們練習，才是更好的做法。舉例來說，陪伴孩子一起站在鏡子前說出「我現在心情很差！」，藉以練習表達「不要」時的表情與語氣。

❖請協助孩子克服誘惑

當孩子朝著目標前進時，請向他們說些稱讚的話。試著以「你很認真在做功課喔！」、「為了做功課，連智賢找你，你都沒有跟著他跑出去耶！」等方式鼓舞他們。如果孩子能確實完成所有功課的話，即可藉由帶他們出去玩、準備他們喜歡的點心等方式，給予獎勵。若想透過培養衝動調節能力來戰勝誘惑，父母持續的愛與關心絕對是不可或缺的。

29 當孩子罵髒話時

不少孩子都會罵髒話，而罵髒話的理由也很多樣。可能是因為見到其他人罵髒話而不經大腦地跟著做，或是覺得自己罵髒話時，他人的反應看起來很有趣；此外，也可能是因為還不懂得如何在憤怒時適當地表達情緒，所以認為這只是表達憤怒的方法之一。

如果是小學低年級的孩子，或許根本沒有意識到這樣的行為會惹怒對方、造成傷害；如果是已經升上高年級的孩子，則可能是明知故犯。罵髒話的行為，有時可能是為了不想示弱，有時則可能是已經養成習慣了。

唯有培養好自我調節能力，才能說出正確、好聽的話

話語，是表達自己的方法。說出口的話可以讓自己獲得他人的尊重；相反的，也可以換來他人的厭惡或無視。孩子在學習說話的過程中，也會同時學到話語的力量，逐漸學會在面對不同情況時使用適當的話語，不僅可以解決矛盾、獲得理解，偶爾也可以透過說服對方以取得想要的東西。

對尚未成熟的孩子們來說，其實不太清楚自己使用的話語存在什麼樣的力量；即便知道，有時可能也無法付諸實踐，僅是想到什麼就說什麼。明白話語的力量並付諸實踐一事，需要付出許多時間與努力的訓練。唯有培養好自我調節能力，才能確實發揮話語的力量。

父母常見的錯誤

❖ 對孩子說髒話的行為反應過度

當孩子說出髒話時，父母通常都會顯得不知所措。有時，孩子可能只是依樣畫葫蘆地模仿他人行為而已，但父母為此大發雷霆，反而會讓孩子變得畏縮。另外還有一種情況，則是孩子因為覺得父母驚慌的模樣很有趣，所以反而更頻繁地使用髒話；尤其是當父母對孩子其他行為都表現得不太關心，卻在他們說出髒話時出現過度的反應，會激發孩子嘗試透過髒話與父母溝通的想法。對孩子來說，父母的負面反應比毫無關心更具刺激性。

❖ 父母偶爾也會說髒話

請父母檢視一下，是否自己曾在不知不覺間將髒話脫口而出。偶爾會發生父母疑惑著「孩子到底是在哪裡學到那種話？」，結果卻發現是自己不經意說過一、二次，孩子就立刻開始模仿了。孩子們學習負面言行的速度極快，如果希望孩子不要使用髒話，並且懂得說正確、好聽的話，那麼必須由父母先開始說正確、好聽的話。

請這麼做

❖ 讓孩子知道「髒話」是不好的東西

當孩子說髒話時，不必為此感到驚慌，而是心平氣和地與孩子聊一聊。請明確地讓孩子知道，說髒話的行為不僅會傷害他人的情緒，別人也會因為認為說髒話的孩子很失禮，而輕視這樣的孩子。假如，孩子之後依然沒有改善，即可予以嚴厲的斥責，並在當下要求孩子向對方道歉；請協助孩子建立「髒話沒有任何好處」的觀念。

❖ 告訴孩子何謂表達情緒的適當方法

假如孩子是因為生氣才說了髒話，請先試著理解他們憤怒的情緒。藉由「你在生氣啊？」等方式，與孩子聊一聊「為什麼生氣？」、「怎麼樣才能消氣？」，接著告訴他們「其實除了說髒話以外，生氣時還有其他表達方式。你可以說『我生氣了』、『我不要』，或許都是比髒話來得更好的表達。」與其放任孩子說髒話，或要求他們無條件壓抑憤怒、委屈的負面情緒，自然地使用話語表達自我情緒的方式，才是更健康的做法。

❖試著了解狀況的危急與否

在說髒話行為的底下，可能隱藏著更嚴重的問題。請務必確認孩子是否存在無法控制憤怒或暴力傾向。如果是缺乏控制衝動的能力、罹患妥瑞症，都有可能出現重複說髒話的情況。當意識到說髒話的行為僅是冰山一角時，建議尋求專家的諮商協助。

30 過度沉迷遊戲時

對沉迷遊戲的孩子而言，就算說好了只能在固定的時間玩遊戲，十之八九也會玩到逾時。他們不僅會為了玩遊戲荒廢所有該做的事，長時間坐著盯緊電腦或手機，也會造成姿勢不良；此外，活動量減少，對成長與發育都存在負面影響。漸漸地，孩子與其他更有益的活動、學業的距離，也會越來越遠。

對遊戲世界的沉迷，往往會使人喪失對現實世界的感受。由於在遊戲世界遇見的其他角色不是真實人物，使人感覺僅是電腦或遊戲的一部分，自然可以肆無忌憚地向對方表現出平時不會對周遭人說的話，甚至是攻擊性行為。有時，甚至會為了購買遊戲裝備，而出現向朋友借錢不還的情形。

控制孩子沉迷遊戲的核心，在於與現實生活取得平衡點

孩子們大腦的耐性通常不佳，換句話說，即是對抵抗誘惑的能力不佳，因此很快就會對遊戲沉迷。孩子在玩遊戲時，會隨著指令使用電腦或遊戲程式，當接收到「移動」指令時，他們就會跟著移動；當接收到「攻擊」指令時，他們就會跟著攻擊。在遊戲世界裡，孩子就像是創造出某些東西的上帝，再加上只要做得夠好，還能獲得即時的獎勵，加倍刺激了好勝心與征服欲。遊戲帶來的快感，平淡的現實怎麼比得上呢？

缺乏自我調節能力的孩子，也就越難在現實生活中找到成就感與快感，更容易沉迷在遊戲世界。單單憑著培養自制能力，也很難幫助他們擺脫遊戲。希望孩子能控制對遊戲的沉迷程度，首先必須引導他們享受現實世界。唯有能在現實中發展成就感、自尊感、自我價值等，才能控制沉迷遊戲的程度，並在遊戲與現實之間找到平衡點。

父母常見的錯誤

❖ 打擊孩子的自尊感

越是覺得現實無趣、憂鬱、自己沒有價值的孩子，越想透過遊戲撫慰現實生活的鬱悶。嚴厲斥責孩子過度沉迷遊戲的行為，只會讓現實生活中的他們自尊感變得更低落，最終反而更是加倍投入遊戲。如果想協助孩子控制他們沉迷遊戲的程度，請不要忘記，首先得讓孩子在現實世界過得更快樂。

❖ 當父母也很投入遊戲世界時，只會導致孩子加倍沉迷

偶爾會發生父母在要求孩子不准玩遊戲的同時，自己卻玩得不亦樂乎的情況。雖說孩子會模仿父母行為，但更嚴重的問題，在於親子相處的時間減少了。於是，在現實生活中感到越來越空虛的孩子，沉迷於遊戲的機率也會隨之增高。

請這麼做

❖ 針對遊戲訂定具體的規則

見到孩子在玩遊戲時，使用「不要再玩遊戲了！」之類的方式做出毫無原則的制止，其實不會有什麼效果。請試著與孩子一起針對遊戲訂定具體的規則。舉例來說，像是「做完該做的事後就可以玩一小時」、「只有週末可以玩遊戲兩小時」等，約定好固定的時間。此外，也請事先訂好「一旦超過約定的時間，爸爸媽媽每隔兩分鐘就會告訴你超時一次。請你在我們說三次之前結束遊戲」的規則。

萬一孩子還是很難結束遊戲，此時，可使用關閉麥克風或取下耳機的方式介入。聲音的消失，有助於將原本全神貫注在遊戲世界的孩子拉回現實。

訂好規則後，請秉持始終如一的態度執行。執行規則時，也請不要情緒化，僅是以就事論事的方式進行即可。

❖協助孩子回到現實世界

試著透過簡單的體操活動等，協助結束遊戲的孩子找回真實感。先與孩子聊聊他們正在玩什麼遊戲、怎麼玩等，再藉由關於接下來的行程安排或應辦事項等話題，引導孩子回到現實世界。

❖協助孩子維持真實的感覺

如果孩子總是獨自在密閉空間裡玩遊戲，自然很難找到真實的感覺。當孩子在自己房間裡玩遊戲時，不妨讓房門保持開啟的狀態；此外，引導他們在客廳裡玩遊戲，也是可行的方式。讓孩子與父母待在一起，會是個不錯的做法。

❖引導孩子享受真實生活

為了避免讓遊戲成為孩子擺脫現實的逃生口，不妨與孩子進行多樣的活動與遊戲，像是一起去賣場購物、討論去新公園的計畫等，培養孩子與家人相處的樂趣。

當孩子對現實世界的事情表現出興趣時，請給予稱讚與鼓勵。對現實越是感到有趣、享受的孩子，平衡遊戲與現實間的自我調節能力也會隨之提升。

❖ 確認是否已經出現遊戲上癮的情況

有時，孩子已不是單純地過度沉迷遊戲，而是陷入成癮狀態了。因此，請確認他們是否罹患了遊戲成癮。WHO目前將遊戲障礙（Gaming disorder）認定為一種疾病。假設孩子是遊戲成癮的話，請尋求專家的協助。

由 WHO 定義的「遊戲障礙」

當出現以下情況時，即可視為「遊戲障礙」。

- □ 對遊戲的控制能力受損。
- □ 將遊戲的優先順序擺在其他活動之上，重視遊戲的程度大於其他興趣與日常活動。
- □ 即使發生了負面的結果，依然持續遊戲，甚至增加進行遊戲的頻率。
- □ 因為這種情況，而導致個人、家庭、社會、教育、職業或是對其他重要層面，產生嚴重的障礙。

□ 持續這種情況超過十二個月以上。

31 光明正大地說謊時

孩子說謊是家常便飯，這也是成長發展的過程之一。由於孩子毫無邏輯且單純，因此經常說些很容易就露出馬腳的謊言。有時，則是因為孩子的自我中心，所以在想擺脫當下令自己難堪的事時，便隨口說出了未經深思熟慮的謊言。經過縝密的計畫才說謊的情況，幾乎不可能發生在孩子身上。就像是當父母詢問「功課寫好了嗎？」時，孩子回答「寫好了」，卻又在再度遭受詢問時，改成回答「現在要寫了」。

孩子尚在學習如何使用說話調解與他人的關係，同時，當然也需要學習什麼是「可以說的話」、「不可以說的話」、「可以說的謊」、「不可以說的謊」等。有「可以說的謊」嗎？請試著想想那些嘴裡說著「我沒事」的大人們。即使在

「有事」的時候，也會說「沒事」，不就是為了讓對方安心嗎？對著年邁、體弱的父母說「今天氣色看起來很好耶！」，也不是出於惡意的謊言吧？想到什麼就說什麼，並不全然是好事。

有時，孩子完全不會說謊反而才是個問題。試想一下，孩子若無其事地對著在電梯裡遇到的老奶奶說：「為什麼臉上會有那麼多皺紋啊？」，電梯裡的氣氛想必會瞬間凍結吧！

雖然孩子的確有該如實表達自己想法的時候，但也必須學會在有些境況必須說出與自己想法不符的話。這不是在教孩子說謊，而是他們應該明白「話語」存在著對對方的體貼、信任、影響人際關係等複雜功能。

調節話語的必要性

謊言之所以成為問題，關鍵在於使用謊言欺騙他人，並藉此取得利益或使對方陷入困境。遭受背叛的對方，因而不再相信說謊的人。一旦失去了信用，就很難挽回，這即是對孩子有害的壞謊言。

若不希望孩子說壞謊言，則必須培養他們擁有「思考話語會衍生哪些後果」的能力、「即使透過壞謊言能逃避危機並獲得些什麼，也必須自制」的能力。理解話語對關係的影響力、謹言的必要、忍耐不說壞謊言的能力，都不是一朝一夕能養成的，唯有藉由持續地教導，才能逐漸產生些許轉變。孩子在培養關於話語的自我調節能力時，也會促使他們長成一個懂得體諒他人的誠實孩子。

父母常見的錯誤

❖ 因為孩子說謊而予以過度責備

父母普遍都會透過「你怎麼可以在那種場合說那種話？」、「人家說要給你，你就立刻收下嗎？你應該說『不用了，謝謝』」等方式教導孩子關於禮儀、體諒的話語。只是，當孩子面對父母詢問「洗手了嗎？」卻不假思索地回答「洗了」時，父母反而暴跳如雷地嚴厲訓斥孩子。對於想法單純的孩子來說，比起說謊的原因，他們更在乎的是說謊後被揭穿的部分。於是，下次他們只會為了不被揭穿，而說出更縝密的謊言。只顧著發脾氣的父母，絕對不可能順利培養孩子思考何謂「謊言」的能力。

❖ 父母偶爾也會說謊

當父母為了安撫或哄騙孩子而說謊時，他們也會跟著模仿父母的言行。與孩子的約定，請務必遵守。父母在孩子面前對其他人說謊的景象，也會是孩子學習的模板。因此，在孩子面前時，請格外留心地保持誠實的模樣。

請這麼做

❖ 應對孩子說謊的具體方法

孩子有時可能是因為缺乏克服小困難的能力，所以才會為了反射性的逃避而選擇說謊。假如孩子是在感覺恐懼或不安、難受時說謊的話，請先撫慰他們。不妨透過「原來你是為了想要去玩才說謊啊？」、「其實你是因為害怕被罵才說謊吧？」等方式，嘗試讀懂他們的心思後，再告訴他們父母真正的憂慮是「爸爸媽媽很擔心你會變成愛說謊的孩子」。

接著，務必處理孩子起初想逃避的根本問題，並且釐清使孩子感到不安的問題。如果僅是專注於探討謊言本身，卻忽略真正的問題，那麼孩子下次依然會試圖透過說謊來逃避類似的情況，必須讓孩子明白「說謊不會得到任何東西」的道理。

在撫慰好孩子的情緒後，還是得回到他們原本說謊的問題，與他們聊一聊並好好結束這件事。無論問題只是有沒有洗手、有沒有寫功課，或是任何其他的問題。

❖ 請讓孩子知道「壞謊言」與「體貼」之間的差異

請引導孩子思考關於平常為了體貼他人而說的話，與基於欺騙他人以獲取利益、逃避危機所說的壞謊言之間，存在什麼樣的差異。像是以「如果對方知道你說謊的話，心情會怎麼樣？」之類的方式，讓孩子嘗試同理他人的立場。藉此讓孩子認知「壞謊言」會對他人造成傷害，學會分辨何謂「壞謊言」。

32 遭受霸凌時

孩子們經常無法接受他人與自己「有可能不同」的事實。為了長相或性格不一樣，為了他人不喜歡、甚至討厭自己喜歡的東西，而出現排斥別人或被排斥的情況。

由於孩子對是非對錯的判斷能力仍有些不足，因此也不明白「報告」與「告狀」的差異。有時，就連自己已遭到排擠或承受語言、肢體暴力時，都不知道這些行為的不當，導致見到有人被霸凌卻視而不見，其實是因為他們根本不知道這是惡劣的行為。而不擅於控制或表達情緒的孩子，往往會更難以擺脫遭受排擠的境況。

唯有培養自我調節能力，才能擺脫遭受霸凌的情況

無論是霸凌或被霸凌的孩子，都是因為還不夠成熟，他們必須學習控制與表達情緒的方法、包容與自己有所不同的他人、判斷是非對錯的方法、面對不當行為的應對方法等。若想學會以寬容的心包容他人、適當表達自己的情緒、解決與同儕間的矛盾並融洽相處，培養自我調節能力即是關鍵所在。如果是遭受霸凌的孩子，則更加需要培養控制與表達情緒的自我調節能力，才能順利擺脫類似的情況。

父母常見的錯誤

❖ 掉以輕心

當孩子因為同儕而感到難受時，請不要不以為然地用著「孩子們都是這樣打打鬧鬧長大啦」、「大家都還是孩子，所以玩笑容易開過頭」的態度，輕描淡

寫地帶過這些事。孩子一旦見到父母不願留心傾聽自己說的話，自然就會產生「說了也沒用」的挫折感。最後，就算霸凌的情況變本加厲時，也會認為向大人述說沒有用，進而演變成「自己不值得被愛、被關心」的想法，導致自尊感低落。

❖ 急著提供意見

「不喜歡就要說『不喜歡』啊！」、「別人揍你的話，你就還手啊！」都是太過輕率的意見。孩子絕對不是因為沒想過這些方法才遭受霸凌的，很有可能是他們明明知道卻無法實踐，或是不知道面對這種情況的適當應對方法。輕率的意見，並沒有任何效果。

❖ 責備孩子

請不要用「你為什麼會被揍？」、「為什麼不會說你不要？」「就是因為這樣，你才會被其他人討厭！」之類的話語責備孩子。孩子也不想被揍、被霸凌。責備本來就已經夠痛苦的孩子，只會讓他們變得加倍難受而已。

❖ 不分青紅皂白，情緒化地直接介入

當得知孩子遭受霸凌後，便立刻氣呼呼地衝到學校向導師提出抗議，或積極介入要求與霸凌者、家長見面等。稍有不慎，說不定反而讓自己的孩子變成「抓耙仔」，招來更嚴重的傷害。再加上，關鍵在於如何培養孩子的自我調節能力，進而擁有可以自主擺脫遭受霸凌的力量，如此一來，才能真正避免孩子往後又繼續面對相同的情況。

請這麼做

❖ 同理與傾聽

當孩子述說著自己因為同儕而感到難受時，請專注地傾聽，然後使用「你一定很難受吧？」的話語，同理他們的情緒。如果孩子能感覺自己受到尊重與足夠的關心，自然也能隨著自尊感提升而產生克服相同情況的勇氣。

❖先了解情況

仔細檢視造成孩子困擾的情況後，試著了解主導霸凌的人是誰、霸凌的方式是什麼、其他孩子是如何附和或旁觀等。當然也得留意自己的孩子是否也是問題的根源之一，像是過分謹慎、容易激動、忽視他人表達厭惡的情緒、持續不討喜的言行、動作粗魯、具攻擊性等原因。聽完孩子的說法後，必要時也可以從導師、同學、其他家長獲得情報。

❖當情況危急或嚴重時，請即刻介入

如果其他孩子出現嚴重的攻擊行為，或是已經造成孩子嚴重的壓力時，請務必即刻介入。試著向導師尋求協助，或是與主導霸凌者的父母好好聊一聊。

❖為孩子安排與其他孩子相處的機會

藉由邀請其他孩子到家中，或安排孩子到遊樂場與其他孩子相處，製造他們與其他人交朋友的機會。觀察孩子與其他孩子玩耍的模樣，試著從他們的言行

找出可能導致遭受霸凌的線索。另外，也可以直接建議孩子，有什麼能與同儕好好相處的方法。

❖ 請告訴孩子對抗霸凌的具體方法

假如已經徹底掌握孩子遭受霸凌的狀況，請針對他們面臨的處境，教導具體的應對方法。反應過度的孩子，往往容易成為遭受攻擊的目標。當出現霸凌的言行時，「無視對方」也是一種方式，請告訴孩子該如何穩定情緒，並堅定地面對這一切，如果孩子有衝動性、攻擊性的問題，那麼請教導他們忍耐的方法。另外，也要讓孩子知道「請求老師的協助」同樣是方法之一，並且為他們釐清「將同學的不好言行告訴老師，是『報告』而不是『告狀』」的觀念。

關於小學生的教導原則

因為孩子的無知與不成熟，免不了會在成長過程犯下無數的錯誤。斥責與痛打犯錯的孩子，讓他們嚎啕大哭，並不會促使自我調節能力有任何成長。孩子的犯錯，即是培養自我調節能力的大好機會。在這裡，我稍微整理了一下關於「培養自我調節能力」的教育方法。

不該做的事

❖ 避免情緒化的教訓

當父母處在激動狀態時，很容易就會說出比預期更重的話，或是做出更重的懲罰。這樣的教育方式，非但無法培養孩子的自我調節能力，甚至只會傷害他們的自尊心，徒增他們內心的委屈。如果希望藉由教導促使孩子的自我調節能力有所成長的話，首先必須好好穩定父母本身的情緒。

❖ 貶低孩子的人格

請不要使用像是「為什麼只有你會這樣？」、「你整天都這樣！」之類的說話方式，冒犯孩子的自尊心。正確的教導方式，應該是提升孩子的自尊感，並且賦予他們學習自我調節的動機才對。貶低孩子的人格，只會使他們試圖改善的意願變得低落。千萬不要忘記，促進自我調節能力的最強動力，即是源於自尊感。

❖ 以偏概全

請不要用「你怎麼每次都這個樣子啦？」之類的說話方式，以偏概全地責備孩子的錯誤。重複條列出孩子以前犯過的錯，只會讓他們混淆，不知道自己究竟該改正哪件事。結果，孩子只記得自己被教訓的事，卻根本不清楚自己到底為什麼挨罵、需要改正的部分是什麼。教導孩子時，請專注於當下希望他們改正的單一行為。

❖使用過度冗長的方式說明

相較於成人，孩子的專注力較短。長時間抓著孩子進行訓話，效果其實很低。不妨試著在平常就與孩子聊一聊，他們應該改正哪些行為、為什麼需要改正，以及如何改正。等到真的需要教訓他們的時候，只要言簡意賅就好。

「我們有說好吃完早餐要刷牙吧？因為爸爸媽媽已經說了三次，但你還是沒有去刷牙，所以就照我們事先約定好的，今天禁止看電視。」這樣簡潔的方式即可。請務必按照約定執行。一旦為了說服提出抗議的孩子，拉長說明的內容，只會讓孩子認為有轉圜的餘地，進而做出更強烈的抗議。最終導致彼此都處於激動的狀態，互相傷害對方的情感，而原本期望的教導效果也消失得無影無蹤。

❖期待一次的教訓就能改變孩子

連大人也經常有三天打魚、兩天曬網的時候吧？下定決心後，又再次犯錯，是人類既有的本性。再加上，孩子的自我調節能力不可能在一朝一夕間成長，也會不停重複犯相同的錯誤，但這不代表教訓不會產生任何效果。如果可以持續態度始終如一的教訓，那麼孩子也會逐漸改變。請耐心、重複地教導孩子。

❖ 使用體罰

使用體罰作為教訓孩子的手段時，失去的比獲得的往往來得更多。尤其當父母是處在憤怒的狀態做出體罰，那就不再是愛的教育，而僅是殘忍的虐待罷了。當孩子看見執行體罰的父母時，他們學到的是「有些情況可以訴諸暴力」，只會讓孩子變得更具攻擊性。

請這麼做

❖ 訂定教導標準時，請與孩子討論

孩子的犯錯次數難以計數。如果要為了這些錯誤一一教訓孩子的話，恐怕很快

就會感到氣餒。三不五時的嘮叨，只會導致在面對真正需要教訓的重大錯誤時，發揮不了任何效果。

首先，與孩子一起決定有哪些部分是他們一定得改正的行為。孩子也有自己的立場與想法，因此先聽一聽孩子的意見後，再一起決定需要改正的行為，並且聊一聊需要改正的原因。同時，也可以事先約定好成功改正時的獎勵，以及無法改正時的懲罰。

❖ 教導的標準必須具體明確

「因為你不聽話」、「因為你做了沒有禮貌的行為」的教訓方式，效果一點都不好。由於標準不清，因此孩子被教訓一頓後，只會留下滿腹委屈。像是以「吃完早餐就去刷牙」、「在爸爸媽媽說了三次『去刷牙』前，自動自發去刷牙」等具體方式，即是不錯的做法。

❖在當場、當下進行教訓

千萬不要為了一週前做錯的事責備孩子。站在父母的立場，當然有可能是因為忍無可忍才會突然爆發，但對孩子來說，他們早就已經不記得一週前發生過的事了。有效的教導，務必在當下就完成。

❖維持始終如一的態度

當標準隨著父母的心情或狀態前後不一致時，孩子也會因而感到混亂。假如昨天明明可以做的事，到了今天卻突然變成會被教訓的事，孩子當然會覺得委屈、憤怒。缺乏始終如一的態度，自然難以發揮效果，請務必維持始終如一的態度。

❖請培養孩子思考的能力

教訓的目的不是對孩子發脾氣，而是在於培養孩子的自我調節能力。像是「不要這樣」、「你為什麼要那樣？」之類不清不楚的斥責，根本無法培養孩子的自我調節能力。請協助孩子確實理解他們為什麼被教訓、為什麼必須改正某項行為……等。相較於單純的「不要做」，更應該清楚地告訴他們「怎麼做」；另外，也請和孩子聊一聊他們應該那麼做的原因為何。隨著孩子的思考能力越來越提升，自然會帶動自我調節能力的成長。

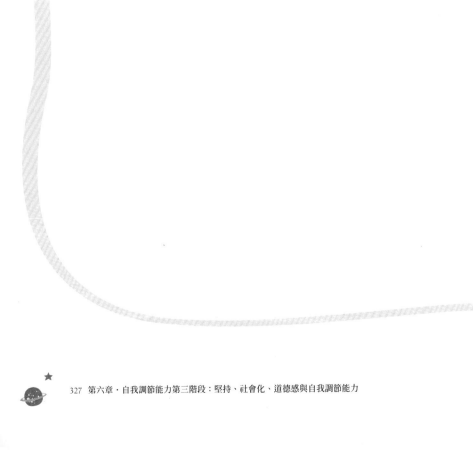

國家圖書館出版品預行編目資料

比 IQ 更有優勢！小學生自我調節力 32 個練習：啟動超強學習引擎，培養懂得正確思考、自我管理、做出計畫的孩子／申東媛（신동원）著；王品涵譯. -- 初版. -- 臺北市：日月文化, 2022.12
336 面；14.7*21 公分. --（高 EQ 父母；93）
譯自：초등 자기조절능력의 힘
ISBN 978-626-7164-92-1（平裝）
1. 親職教育 2. 子女教育
528.2 111016853

高 EQ 父母 93

比 IQ 更有優勢！小學生自我調節力 32 個練習

啟動超強學習引擎，培養懂得正確思考、自我管理、做出計畫的孩子

초등 자기조절능력의 힘

作　　者：申東媛（신동원）
譯　　者：王品涵
主　　編：俞聖柔
校　　對：俞聖柔、張召儀
封面設計：Z 設計／鄭婷之
美術設計：高慈婕、LittleWork 編輯設計室

發 行 人：洪祺祥
副總經理：洪偉傑
副總編輯：謝美玲
法律顧問：建大法律事務所
財務顧問：高威會計師事務所
出　　版：日月文化出版股份有限公司
製　　作：大好書屋
地　　址：台北市信義路三段 151 號 8 樓
電　　話：(02)2708-5509　傳　　真：(02)2708-6157
客服信箱：service@heliopolis.com.tw
網　　址：www.heliopolis.com.tw
郵撥帳號：19716071 日月文化出版股份有限公司

總 經 銷：聯合發行股份有限公司
電　　話：(02)2917-8022　傳　　真：(02)2915-7212
印　　刷：軒承彩色印刷製版股份有限公司
初　　版：2022 年 12 月
定　　價：360 元
I S B N：978-626-7164-92-1

生命，
因家庭而大好！